• 책을 내면서

십수 년 전이다. 통일교육 시범학교로 지정된 한 초등학교를 특강 차 방문한 적이 있다. 통일과 관련된 자료를 둘러본 후 4학년 통일단원 수업을 참관하게 되었다. 수업 중에 선생님이 학생들에게 '통일은 언제 이루어지면 좋을까?'라고 질문을 했다. 학생들은 하나같이 어서 빨리 통일되어야 한다고 대답했다. 선생님은 이들의 응답에 동의를 표하면서 수업을 마무리했다. 수업은 대체로 성공적이었다. 그럼에도 통일이 갑자기 이루어질 때 나타날 문제에 대해 약간이라도 논의가 있었으면 하는 생각이 들었다.

통일은 왜 하는가? 남북이 하나의 민족이므로 그리고 이산가족의 고통을 덜어주기 위해 통일이 필요하다고 할 수 있다. 하지만 보다 중요한 것은 통일함으로써 남북한 주민 다수가 손해보다 이득을 더 많이 가질 수 있기 때문이다.

우리는 통일을 위해 무엇을 얼마나 준비해 오고 있는가? 통일은 필요하고 또 되어야 한다. 하지만 준비되지 않은 빠른 통일은 여러 가지 문제를 발생시킬 가능성이 크다. 미래의 정확한 예측이 불가능하듯이 완전한 통일 준비 또한 가능하지 않다. 그럼에도 예상되는 문제점을 면밀히 검토해 통일을 준비하는 꾸준한 작업이 필요하다. 준비되지 않은 빠른 통일은 재앙이 될 수도 있기 때문이다.

빠른 통일로 인해 예상되는 문제 중 하나는 남한이 부담해야 할 통일비용이다. 통일을 위한 재정적 준비가 거의 되어 있지 않은 남한이 엄청난 통일비용을 부담할 수 있을까? 북한의 지하자원과 노동력에 남한의 기술과 자본을 합친다면 통일비용은 줄고 통일편익이 늘어날 수 있을 것이다. 그렇다 하더라도 통일이 됨에 따라 부담해야 할 비용은 지금부터라도 차곡차곡 준비할 필요가 있다.

또 하나 예상되는 문제는 이념과 생활방식 차이로 인한 사회적 혼란이다. 분단 후 지금까지 남북한 주민은 서로 다른 이념과 체제 하에서 생활해 왔다. 그러다 보니 남북한 간에 정치, 경제, 사회, 문화 등 다방면에 걸쳐 이질적 요소가 많이 존재할 수밖에 없다. 이 이질성을 그대로 둔 채 통일이 이루어진다면 상당한 사회적 혼란이 발생할 것이다.

그렇다면 통일을 위해 우리가 해야 할 일은 무엇일까? 사회적·심리적 격차 해소, 북한인권 개선, 북한의 비핵화를 통한 평화공동체 건설, 북한에 대한 관심과 이해, 이산가족 상봉, 북한이탈주민의 삶 개선 등 다양한 일들이 있을 것이다. 이들을 위해 우선적으로 해야 할 것은 남북관계의 개선이라 생각한다.

이 책은 통일을 이루기 위해서 가능한 한 철저히 준비를 해야 하며, 남북관계의 개선을 통해 지속적으로 교류와 협력을 증진시켜 나가야 한다는 시각으로 쓴 글이다. 이러한 시각을 바탕으로 통일과 북한 문제에 대해 가능한 한 이해하기 쉽도록 쓰려고 했다. 이 책에서 통일과 북한과 관련된 여러 문제를 다루다 보니 내용적으로 부족한 부분이 있을 것이다. 또한 자료를 인용하는 과정에 일일이 출처를 밝히지 못한 경우가 있다. 이에 대해 여러분들의 양해를 부탁드린다.

이 책은 총 5장으로 구성되어 있다. 1장에서는 통일과 북한에 대한 기본적 인식에 대해 살펴보았다. 통일의 의미와 필요성, 통일 방식, 주변 4강의 한반도 정책 등 통일과 북한에 대한 기본적 사항을 다루어 보았다. 2장과 3장에서는 통일비용, 통일방안, 통일교육, 개성공단 문제, 북핵문제 등 통일을 이해하는 데 필요한 내용을 검토해 보았다. 4장에서는 북한체제, 북한의 대외관계, 북한경제, 북한의 개방 등 북한의 정치와 경제에 대해 정리해 보았다. 그리고 5장에서는 북한사회구조, 북한교육, 북한의 생활, 남북한 언어 등 북한의 사회와 경제와 관련한 사항에 대해 살펴보았다.

아무쪼록 이 책이 대학생들뿐만 아니라 일반 독자들에게 통일과 북한 문제를 이해하는 데 조금이라도 도움이 되기를 바란다.

이 책이 나오기까지 원고를 꼼꼼히 읽고 조언해 준 경북대학교 김영하 교수와 김봉석 형에게 감사드린다. 그리고 어려운 여건에서도 기꺼이 출판해 주신 교육과학사 여러분께도 고맙다는 말씀을 전한다. 끝으로 지금까지 옆에서 마음으로 격려해 준 아내에게 고마움을 전하고 언제나 묵묵히 힘이 되어주시는 부모님께 감사의 말씀을 드린다.

2014년 12월 30일

상록동산 연구실에서

성 장 환

차 례

제 1 장

통일과 북한에 대한 기본적 인식

1. 무엇을 통일이라고 할까?
2. 왜 통일이 필요한가?
3. 통일의 방식에는 어떤 것이 있을까?
4. 북한을 바라보는 세 가지 시각은?
5. 국제환경 변화와 주변 4강의 한반도 정책은?

1. 무엇을 통일이라고 할까?

최근 남한의 경제성장 동력이 약화되고 있다. 경제협력개발기구(OECD)가 2013년에 발표한 한국경제전망 보고서에 따르면, 2031년이 되면 한국의 잠재성장률이 0%대로 낮아진다고 한다. 경제성장률의 답보상태는 경제에 빨간 불이 켜짐을 의미한다. 이 문제를 해결할 수 있는 방법은 없을까? 그 대안 중 하나는 남북통일이라 생각한다. 통일은 한국의 잠재력과 역동성을 키울 수 있는 새로운 동력이 될 수 있기 때문이다.

박근혜 대통령이 2014년 신년 기자회견에서 통일대박론을 발표했다. 통일이 되면 우리가 엄청난 이득이나 보물을 얻을 수 있다는 것이다. 하지만 통일대박에 앞서 어떻게 통일을 실현할 것인지에 대한 구체적이고 현실적인 방법을 먼저 제시했어야 했다. '통일이 되면 대박난다.'라는 결과만 발표했지 '통일을 어떻게 이루어 나가겠다.'는 과정은 거의 찾아볼 수 없다.

그런데 통일대박론이 꺼져가던 통일 논의의 불씨를 살리고 통일에 대한 관심을 불러일으켰다는 점에서는 의미가 있다. 또한 무엇을 통일이라고 하는가에 대해 음미할 수 있는 기회를 가지게 했다.

그렇다면 무엇을 통일이라고 할까? 통일이 무엇인가에 대해 크게 두 가지로 구분해 살펴보기로 하자.

먼저, 통일을 결과로 보는 것이다. 이것은 통일이 1국가 1체제를 갖는 단일국가가 되는 것을 의미한다. 결과로서의 통일은 정치적으로 1인의 최고지도자를 가지는 것이다. 법적으로 헌법을 단일화하는 것이며 지리적으로 하나의 영토가 됨을 말한다. 또한 경제적으로 하나의 경제체제를 형성하고 사회적으로 남북한 주민이 통합되는 것을 말한다. 또한 문화적으로 하나의 생활공동체 안에서 관습, 언어 등 일상적 삶을 공유하는 것을 뜻한다. 결과로서의 통일은 일반적인 의미의 통일로서, 궁극적이고 최종적인 단일국가체제를 수립함을 의미한다.

다음으로, 통일을 과정으로 보는 것이다. 과정으로서의 통일[1)]은 남북한이 단일국가를 만들지 않았더라도 일정 수준의 통합을 이루었을 때 통일을 달성했다고 보자는 것이다. 2국가 2체제를 유지하면서 꾸준한 교류·협력을 통해 일정 정도의 통합을 달성했을 때 그 시점부터 통일이 되었다고 간주하자는 것이다. 다시 말해, 남북한 정부가 각각 자본주의와 사회주의 경제체제를 운용하면서 지속적으로 통합을 추진한다. 그리고 양국 주민들이 국경을 넘어 자유롭게 투자, 이주, 결혼, 직업선택 등을 할 수 있는 정도에 도달한다. 이런 상황에 이를 경우 이를 통일로 보자는 것이다. 이 과정으로서의 통일이 진전되어 남북한이 단일국가 건설에 합의하면 최종적인 통일이 이루어지게 된다.

이제 1국가 1체제가 되어야 통일을 이룩했다는 시각에서 벗어날 필요가 있다. 북한의 갑작스런 붕괴와 같은 예외적 경우를 제외한다면, 결과로서의 통일 달성에는 상당한 시일이 걸릴 것이다. 우리의 희망과는 달리 현실적 남북관계는 녹록하지 않다. 최종적이고 궁극적인 통일에 집착하다보면 오히려 통일에 대한 부정적 시각이

커질 수 있다. 과정으로서의 통일 시각은 우리의 통일논의에 긍정적 영향을 미치게 될 것이다.

2. 왜 통일이 필요한가?

시간이 지날수록 국민들의 통일에 대한 관심이 점점 줄어드는 것 같다. 같은 민족이기 때문에 혹은 이산가족의 아픔을 해소하기 위해 통일이 되어야 한다고 생각하는 사람들이 많다. 그런데 이러한 당위적 측면보다 자신의 이해관계나 필요성과 관련지어 통일을 생각하는 국민들이 더 많은 것 같다. 통일이 될 경우 천문학적인 통일비용 부담 문제, 남북한의 이념갈등 문제, 그리고 사회적 혼란 문제 등이 당면과제가 될 것으로 예상하고 있다. 많은 사람들은 이러한 문제는 단기간에 해소되기 어렵다고 생각하고 있다. 특히 통일비용 문제는 세대를 이어 부담이 될 수밖에 없다고 여기고 있다.

최근에 와서 미래 통일의 주역이 될 20~30대 젊은 세대가 통일문제에 대해 점점 무관심해지고 있어 걱정스럽다. 이들은 기성세대와는 조금 다른 시각을 가지고 있다. 이들 젊은 세대가 통일과 북한관련 문제에 관심을 덜 가지는 이유를 살펴보기로 하자.

첫째, 젊은 세대는 분단문제를 자신의 문제로 생각하지 않는 경향이 있다. 분단된 지 꽤 오랜 기간이 흘렀기 때문에 남북한이 공존하면서 살아가는 것에 익숙해 있다. 그리고 분단의 아픔, 이산가족 고통 등을 자신과 직접 관계 있는 일로 인식하지 않고 있다. 북한을 통일의 당사자로 여기고는 있다. 하지만 그렇다고 꼭 통일을 이루어야 한다는 생각은 별로 없는 편이다.

둘째, 통일을 하지 않더라도 불편함이나 아쉬움을 거의 느끼지 않고 있다. 성장과정을 기성세대와 비교해 보면, 이들은 정치적 자유와 경제적 여유를 상대적으로 많이 누려온 세대이다. 남북한이 우호적 관계를 유지하면서 교류·협력을 통해 편하게 살면 되지 굳이 통일할 필요가 없다는 생각을 하고 있는 것 같다.

셋째, 이해관계에 민감하다. 젊은 세대는 통일이 주는 이익보다 짊어져야 할 부담이 더 크다고 보고 있다. 이들은 통일이 달성되었을 때 얻을 것보다 잃을 것이 더 많다고 생각하는 경향이 있다.

넷째, 젊은 세대는 어릴 때부터 학업 경쟁과 취업 고민 속에 살아왔기 때문에 통일과 같은 거대담론에 관심을 가질 여유가 많지 않았다. 이들은 치열한 경쟁에서 살아남아야 한다는 각박한 사회적 분위기의 영향을 많이 받은 세대이다. 통일과 같은 장기적 프로젝트보다 개인적 성공에 더 관심이 많다.

다섯째, 통일이 된 후에 나타날 사회적 혼란과 범죄 증가 등을 걱정하고 있다. 이들은 남북한 주민들이 함께 생활해야 할 통일한국이 지금보다 더 힘들고 혼란스러운 사회가 되지 않을까 염려하고 있다.

그럼에도 다수 국민들은 통일이 더 큰 이익을 가져올 것이기 때문에 이루어져야 한다고 생각한다. 최대 다수의 최대 행복을 추구함으로써 개인적 이익과 사회 전체의 행복을 조화시키려는 사상이 공리주의이다. 공리주의식 주장이 만능의 열쇠는 아니다. 하지만 남북한 다수 국민에게 이득이 되고 유용하다면 통일하는 것이 타당하지 않을까. 다수 국민의 이익과 행복을 가져다준다면 통일을 애써 마다할 필요는 없을 것 같다.

이제 왜 통일이 필요한지에 대해 살펴보기로 하자.

첫째, 통일은 지금보다 더 부강한 통일한국을 건설할 수 있기 때문이다. 좁은 국토를 가졌음에도 남한은 세계에서 보기 드문 경제성장과 민주화를 이룩했다. 섬과도 다름없는 한국이 통일되어 중국과 러시아를 통해 세계로 뻗어나간다면 통일한국의 위상은 지금보다 더 높아질 것이다.

사실 이러한 시각을 가지게 된 것은 1990년 한·소, 1992년 한·중과의 외교관계 수립과 맥락을 같이 한다. 1990년 이전까지만 해도 소련과 중국은 북한과 동맹관계를 맺고 있었다. 그래서 남한이 소련과 중국을 통해 유라시아지역으로 진출한다는 생각을 하기 어려웠다. 이제 남한은 중국과 가장 많은 교역을 하고 있으며 러시아와도 연간 수백억 달러의 교역을 하고 있다. 중국과 러시아대륙을 통한 전 세계로의 진출을 현실화시킬 수 있는 상황을 맞이하고 있다.

둘째, 남한의 기술과 자본, 북한의 지하자원과 노동력을 활용해 획기적 경제발전을 이룰 수 있다. 일본, 미국 등 여러 선진국의 사례를 살펴보았을 때 남한의 성장 동력은 한계에 와 있다고 할 수 있다. 남한의 1인당 GDP가 20,000달러를 넘은 지 꽤 되었지만 아직도 30,000달러 수준으로 진입하지 못하고 있다. 북한 주민들도 경제적 어려움에서 벗어나 풍요롭고 행복한 생활을 누리도록 해야 한다. 남북한이 서로의 이익을 위해 협력한다면 보다 나은 경제공동체를 건설할 수 있을 것이다.

셋째, 분단비용을 줄일 수 있다. 분단비용이란 분단으로 인해 지출해야 하는 유무형의 비용을 의미한다. 다시 말해, 통일이 되지 않음으로서 발생하는 비용과 통일이 되었다면 지불하지 않아도 되는 기회비용을 합한 것이다. 분단비용에는 남북한이 각각의 체제를 유지하기 위해 부담하고 있는 국방비, 국제사회에서 경쟁하는데 소모되는 정치외교적 비용, 남북한 갈등상황으로 인해 파생된 적대감, 전쟁에 대한 공포, 이산가족의 고통, 불필요한 물류비용, 한국경제의 저평가 그리고 군 입대로 인해 젊은이들을 산업인력으로 활용하지 못해 생기는 비용 등이 포함된다.

분단비용 가운데 비중이 큰 것 가운데 하나가 국방비이다. 남한은 2015년에 총예산의 10% 정도인 37조 6천억 원 가량을 국방비로 지출할 예정이다. 물론 통일이 되더라도 일정 정도의 국방비는 필요하다. 국격에 걸맞은 국방력은 당연히 필요하다. 그렇지만 만약 통일을 달성해 국방비를 줄일 수 있다면 우리의 경제운용에 큰 보탬이 될 것이다.

넷째, 남북한이 하나의 민족이기 때문에 통일이 필요하다. 최근에 와서 민족이 하나임을 강조하는 것은 다문화적 흐름과 맞지 않는 측면이 있다. 하지만 남북한이 같은 민족임을 인식하지 않는다면 우리가 굳이 북한과 통일할 이유가 없지 않을까. 극단적으로 남한의 이익만을 위해서라면 우리가 미국이나 중국 혹은 심지어 일본과도 통일할 수도 있을 것이다. 같은 민족임을 지나치게 강조하는 것은 문제가 있으나 그렇다고 통일의 공통분모인 민족의 뿌리를 내팽개칠 수는 없다. 물론 우리 사회에 살고 있는 다양한 민족을 통일의 주체로 참여시키는 것은 당연하다.

다섯째, 이산가족의 고통 해소를 위해서이다. 아직도 남북한에는 상당수의 이산가족이 생존해 있다. 이들이 느끼고 있는 고통을 해소해 줄 수는 없으나 이산가족 상봉을 통해 이를 줄여주는 노력이 필요하다. 정부에서도 인도적 차원의 이산가족 만남을 적극적으로 추진해 오고 있다. 하지만 경색된 남북관계로 인해 뜻대로 되지 않고 있다. 많은 국민들이 이산가족 만남 문제에 심정적으로는 동의하고 있으나 적극적인 관심을 갖는 사람이 점점 적어지고 있는 것 같다.

3. 통일의 방식에는 어떤 것이 있을까?

20세기에 들어 와서 여러 분단국가의 통일과정을 지켜볼 수 있었다. 이들의 통일방식을 검토해 봄으로써 우리에게 필요한 시사점을 얻을 수 있다.

분단국가의 통일방식에는 여러 가지가 있다. 분단국가가 처한 국제환경, 분단의 원인과 과정 그리고 분단국가의 경제력 등 여러 여건들이 우리의 경우와 다르다. 그래서 어떤 통일방식이 남북한 통일에 적합한지 알기가 쉽지 않다. 그럼에도 우리는 이들 분단국가의 통일방식을 검토해 봄으로써 남북한 통일을 이루는데 필요한 시사점을 찾을 수 있다. 분단국가의 통일방식을 다음 다섯 가지로 정리해 보기로 한다.

첫째, 중립화통일방식이다. 남북한이 중립국가 건설을 목표로 통일을 이루어나가는 방식이다. 중립화통일방식의 예로 오스트리아통일을 들 수 있다. 오스트리아는 1438년부터 1806년까지 신성로마제국을 계승한 국가로 활동하면서 유럽의 강자로 군림했다. 1867년 성립된 오스트리아-헝가리제국은 1차 대전에서 패한 대가로 지구상에서 사라졌다. 그 후 오스트리아지역은 1938년 독일의 한 주로 복속되었다. 오스트리아는 히틀러의 강제 동원으로 2차 대전에 참가했다가 패전했다. 미국, 영국, 프랑스, 소련 등 네 연합국은 패전의 책임을 물어 오스트리아를 분단시켰다.

오스트리아 지도자들은 개인적 권력욕을 추구하기보다 조국통일 달성을 더 중요하게 인식했다. 1945년 11월 연립정부가 수립되었다. 각 정당의 지도자들은 오스트리아가 강대국으로 둘러싸여 있음을 인식하고 영세중립화 방안을 통일방식으로 설정했다. 마침내 민족 내부의 단합과 결집을 바탕으로 4강국을 설득해 통일을 이룰 수 있었다. 오스트리아의 중립화통일 방안은 당시 오스트리아가 서방의 일원이 되는 것을 우려한 소련을 안심시키게 했다. 또한 다른 세 강국에게도 통일반대의 명분을 줄이는데 기여했다. 2차 대전의 여파로 분단된 국가, 즉 한국, 독일, 오스트리아 세 국가 가운데 오스트리아가 가장 먼저 영세중립국으로 통일되었다.

한반도의 중립화통일은 미국, 중국, 일본, 러시아 4강국의 이해관계가 일치하여 이들이 중립화에 동의할 때 이루어질 수 있다. 한반도 중립화통일 가능성의 근거로는 첫째, 지금과 같은 동북아지역의 세력균형 상태를 변동시키지 않고 통일할 수 있는 방안이라는 것이다. 4강국의 이해관계가 그대로 유지되기 때문에 특별히 어느 한 국가가 반대할 이유가 없다는 것이다. 둘째, 한반도에서 일어날 수 있는 남북한 간 분쟁의 위협을 없앨 수 있다는 것이다. 한반도에 6.25전쟁과 같은 내전이 일어나는 것을 네 국가 중 어느 국가도 바라지 않기 때문이다.

그런데 위에서 언급한 것과 같이, 중립화통일은 주변 네 강국이 남북한의 중립화통일을 지지할 때 이루어질 수 있다. 스위스나 오스트리아와 같이 인구가 천만 명을 넘지 않는 중소강국의 경우는 중립화통일이 가능하다. 하지만 네 강국은 남북통일로 출현할 거대 한국의 존재를 바라지 않는 것 같다. 통일한국의 탄생에 대해 한반도 주변 네 강대국이 동의해 주지 않을 것이다. 또한 통일을 이룬 후 만약 국제적 세력균형 상태가 와해되었을 때 통일한국의 중립이 깨질 수가 있다. 이러한 경우를 가정했을 때도 네 강국은 중립화통일을 지지하지 않을 가능성이 크다.

둘째, 홍콩 통일방식이다. 이것은 당사국이 일정한 통일시점을 정한 후 지속적인 대화와 협상으로 통일을 이루어 나가는 방식이다. 1840~42년의 아편전쟁에서 패배한 대가로 중국은 영국에게 홍콩을 넘겨주었다. 1898년 영국은 홍콩을 99년간 조차한 후 중국에 반환한다는 협상을 체결했다. 이 협상에 따라 1997년에 영국은 홍콩을 중국으로 반환했다.

홍콩 통일방식의 핵심은 통일의 시점을 당사국 간 협의를 통해 정한다는 점이다. 이 방식은 통일시점에 이를 때까지 통일로 인해 나타날 수 있는 문제점을 찾아 준비할 수 있는 장점이 있다. 이 방식을 남북한 통일에 적용시켜 보자. 남북한 대표자들이 만나 언제 통일을 이루면 좋을지 그 시점을 정한다. 통일시점이 정해지면 통일에 따라 발생할 수 있는 문제가 어떤 것이 있는지 찾아본다. 그리고 예상되는 문제들을 해결할 수 있는 방안을 강구한다. 이러한 홍콩 통일방식은 남북한 통일을 달성하는데 유용한 방식 중 하나라 생각된다.

셋째, 베트남 통일방식이다. 이것은 서로 다른 체제를 가진 두 국가가 무력을 통해 통일을 이루는 방식이다. 사회주의체제를 가지고 있던 월맹이 자본주의체제를 유지하고 있던 월남을 전쟁이라는 수단을 이용해 통일한 방식이다. 무력을 통한 베트남 통일방식은 통일이 되더라도 씻을 수 없는 상처를 남긴다. 남북한 통일과정에서 반드시 피해야 할 방식이다.

넷째, 예멘 통일방식이다. 이것은 당사국 간 일 대 일 합의를 통한 방식을 의미한다. 예멘은 냉전의 여파로 분단된 국가가 아니다. 그래서 다른 분단국가들에 비해 통일에 비교적 우호적인 국제환경이 존재했다. 그리고 남북예멘 사이에 이질적 요소가 적은 편이었다. 남북예멘은 공통적인 민족의식을 바탕으로 통일을 위한 노력을 꾸준히 해 왔다. 이러한 노력의 산물로 1990년 당사국 간 합의에 따라 통일예멘을 건설할 수 있었다.

그런데 예멘은 형식적으로는 통일되었으나 실질적으로는 통합을 이루지 못했다. 공산주의체제를 채택하고 있던 남예멘인과 엄격한 이슬람식 문화를 유지하고 있던 북예멘인 간 갈등으로 통일 후 4년 만에 내전이 발생했다. 결국 내전은 북예멘의 승리로 마무리되었지만 합의에 의한 통일에 큰 허점을 남겼다.

다섯째, 독일 통일방식이다. 이 방식은 두 당사국 중 한 국가가 다른 국가를 흡수해 평화적으로 통일이 이루어지는 것을 말한다. 서독의 자본주의체제가 동독의 사회주의체제를 흡수해 통일을 달성한 방식이다.

위에서 간략하게 살펴보았듯이, 베트남 무력통일 방식과 중립화 통일방식을 고려의 대상에서 제외하더라도 어느 방식이 남북한 통일에 적합한지 판단하기 쉽지 않다. 굳이 평가하자면, 우리의 경제적 성장 동력의 한계성을 고려해 볼 때 엄청남 규모의 통일비용을 필요로 하는 독일식 흡수통일은 바람직하지 않다. 상대적으로 합리적이라고 생각되는 것은 예멘과 홍콩 통일방식이다. 이 두 방식의 장점 중 하나는 점진적·평화적 통일을 이룰 수 있다는 점이다.

이를 위해서는 남북관계의 개선이 필수적이다. 관계개선을 통해 남북한 간 교류와 협력을 확대할 수 있다. 교류와 협력의 증대는 남북 주민 간의 믿음과 이해를 증진시킬 수 있다. 이를 통해 정치·경제·사회·문화 전 영역에 걸쳐 공통분모를 찾아 통일의 길로 나아갈 수 있을 것이다.

또 하나 들 수 있는 이 두 통일방식의 장점은 충분한 통일준비를 할 수 있다는 점이다. 빠른 통일은 남북한 모두에게 이득보다 더 큰 손해를 입힐 가능성이 크다. 남북한에 비해 여러 가지로 여건이 좋았던 통독 사례를 보더라도 빠른 통일은 가능한 한 피해야 한다. 만약 독일통일이 갑작스럽게 이루어지지 않고 서서히 이루어졌더라면 통일 후 통합을 위한 시행착오를 훨씬 덜 겪었을 것이다.

정리하자면, 당사국 간 합의를 통한 예멘 통일방식과 일정한 시점을 정해 통일을 이루는 홍콩 통일방식이 우리가 선택할만한 유력한 방법이다. 구성주의 가운데 사회적 구성주의라는 것이 있다. 사회적 구성주의는 사회적 현상이나 의식이 사회와의 상호작용을 통해 어떻게 구성되어 가는가를 설명하는 이론이다. 남북한이 여러 분야 간 상호작용을 통해 점진적으로 통일한국을 구성해 갈 때 남북한 주민 모두가 바라는 공동체를 건설할 수 있을 것이다.

4. 북한을 바라보는 세 가지 시각은?

남한에게 북한은 군사적 도발을 할 수 있는 경계의 대상인 동시에 함께 통일을 이루어야 할 협력의 대상이다. 한국전쟁 이래 지금까지 이러한 북한의 이중성은 그대로 유지되어 오고 있다. 앞으로는 이 이중성 가운데 경계의 대상으로서의 북한보다 미래 통일을 위한 협력의 대상으로 이끌 수 있는 지혜가 필요하다.

이와 같은 북한의 이중성을 고려하면서 우리가 북한을 어떻게 바라보고 인식하는지 그 시각을 살펴보기로 하자. 대체로 지금까지 북한이라는 대상을 바라보는 시각은 크게 세 가지로 구분된다. 외재적 접근법, 내재적 접근법 그리고 혼합적 접근법이 그것이다.

먼저 외재적 접근법이다. 이것은 북한이라는 대상을 외부적·보편적 시각으로 보는 것이다. 여기에서 보편적 시각이 어떤 것이냐에 대한 논란이 있을 수 있겠지만, 대체로 이를 시대적인 대세로 이해하면 될 것 같다. 예를 들어, 정치적으로는 자유민주주의를 그리고 경제적으로는 자본주의적 시장경제를 시대적 대세로 볼 수 있다. 이 두 가지 기준을 갖고 북한의 정치경제적 현상을 분석하는 것을 의미한다.

외재적 시각으로 북한을 바라본다면 많은 부분에서 북한사회의 단점을 발견할 수 있다. 3대 세습체제, 북한의 열악한 인권, 그리고 망가진 북한식 배급체계 등 수많은 문제가 드러나고 있다. 이 접근방식을 선호하는 사람은 북한에 대한 지원을 김정은정권의 배만 불리는 것으로 판단하기 때문에 반대하고 있다. 따라서 외재적 접근방식으로 북한을 연구·분석하는 경우 북한의 단점이나 문제점을 부각시키는 측면이 있다.

다음으로 내재적 접근법[2]이다. 외재적 접근법의 단점을 보완하기 위한 시각이라 할 수 있다. 이것은 북한의 특수한 상황을 고려하면서 내부인의 입장으로 북한을 연구·분석하자는 시각이다. 북한정권은 그 나름의 특수한 상황에서 태어난 정권이기 때문에 북한의 특별한 현실을 고려하면서 바라보아야 북한의 여러 부분을 제대로 이해할 수 있다는 것이다. 3대 세습체제나 북한식 계획경제가 북한의 상황을 고려한다면 특별한 문제가 없다는 것이다.

내재적 접근법에 의하면 북한이기 때문에 3대 세습체제가 가능하고, 북한식 계획경제체제도 문제가 없진 않지만 장점이 많다고 한다. 따라서 내재적 접근방식은 북한의 특수한 현실을 감안하기 때문에 북한사회의 비민주적·비이성적 현상을 제대로 비판하기 어렵다. 또한 북한체제의 장점을 부각시키는 측면이 있다.

마지막으로 혼합적 접근법이다. 혼합적 접근법은 외재적 시각과 내재적 시각을 절충한 방식이다. 이것은 먼저 북한이라는 대상을 내재적 시각으로 분석한 후, 다음에 외재적 시각으로 검토해 보는 것이다. 예를 들어, 북한의 언론자유에 대해 분석해 보자. 언론자유 관련 사항을 혼합적 접근방식으로 풀어본다면, 먼저 북한정권이 일인독재체제 유지를 위해서 주민의 언론자유를 제한하더라도 이를 북한의 특수한 상황 때문이라고 이해하는 입장을 갖는다. 다음으로, 그럼에도 언론자유의 실종은 보편적 시각으로 볼 때 심각한 문제가 있다고 지적한다.

이것은 위에서 언급한 두 접근법을 적절히 절충해 북한이라는 대상을 연구·분석하고자 하는 방식이다. 하지만 이 방식은 북한의 특수한 상황을 어느 정도 고려해야 할지 기준이 명확하지 않고 또 어느 수준까지 보편적 시각을 적용해야 할지 모호하다는 단점이 있다.

5. 국제환경 변화와 주변 4강의 한반도 정책은?

1990년을 전후해 냉전이 종식되자 국제환경에 큰 변화가 있었다. 하지만 동북아를 둘러싼 국제환경은 소련의 해체로 소련이 러시아로 대체되었을 뿐 근본적인 4강 체제는 그대로 유지되고 있다.

최근 중국의 부상으로 한반도 주변에 새로운 냉전조짐이 나타나고 있다. 특히 북핵문제가 남북한 문제의 핵심 사안으로 남아있는 상황에서 미·중 간 세력경쟁은 점점 강화되고 있다. 따라서 한반도 통일문제는 이 네 강국의 이해관계에 따라, 그 중에서 미·중의 대한반도 정책에 큰 영향을 받고 있다.

통일문제는 기본적으로 남북한이 해결해야 할 문제이다. 하지만 역사적 측면과 지정학적 상황을 고려해 볼 때 통일문제는 국제적 문제로 볼 수도 있다. 한반도 분단이 미국과 소련의 합작품이라는 것을 염두에 둔다면, 한반도 통일 실현에는 주변 네 강국의 협조가 필수적이다. 그런 점에서 이 네 강국이 통일에 대해 어떠한 시각과 정책을 가지고 있는지 살펴보는 것은 의미가 있다.

먼저 미국의 시각을 보자. 미국은 네 강국 중 가장 멀리 위치해 있지만 2차 대전 이래 지금까지 한반도 문제에 깊숙이 개입하고 있다. 미국의 한반도 정책의 핵심은 북핵문제 해결과 중국 영향력 견제이다. 미국은 남북한 통일을 부차적 문제로 생각하고 있는 것 같다. 북핵문제는 한반도에서 발생한 문제이지만 남북한의 협상만으로 해결할 수 없는 국제문제이다.

북핵문제 해결을 위해 미·중·러·일 그리고 남북한 대표로 구성된 6자회담이 만들어졌다. 수차례에 걸친 6자회담을 통해서도 북핵문제는 해결되지 않고 있다. 미국은 핵확산금지조약(NPT)체제를 위협하는 북핵문제가 통일에 걸림돌이 된다고 판단하고 있다.

미국은 북한의 비핵화 진전노력에 따라 북한과 평화협정을 맺을 가능성이 있다. 이를 바탕으로 북·미 간 외교관계를 수립할 수도 있을 것이다. 하지만 북핵포기가 김정은체제에 심각한 위협이 된다고 생각하기 때문에 북핵문제 해결을 위한 돌파구 마련은 쉽지 않아 보인다.

또한 중국의 국력확산에 따른 대응책으로 미국은 남한과의 전통적 동맹을 강조하고 있다. 이와 함께 미국은 중국의 영향력을 약화시키기 위해 미·일동맹을 강화하고 있다. 미국은 동북아지역에서 중국의 영향력 확대가 미국의 국익에 도움이 되지 않는다고 판단하고 있다. 그래서 박근혜정부 출범 이후 미국은 남한의 대중관계 진전을 내심 경계하고 있다. 미국은 공식적으로는 남북한 통일을 반대하지 않는다고 한다. 그렇지만 내부적으로는 강한 통일한국의 출현을 반기지 않는다고 생각한다. 앞으로 언제 그리고 어떤 방식으로 통일될지 예상하기란 쉽지 않다. 그러나 어떠한 통일이든 그것이 미국의 국가이익에 도움이 되지 않을 경우 미국은 남북한 통일을 반대할 것이다.

다음으로 중국의 입장을 살펴보자. 중국은 엄청난 인구와 자원 등을 기반으로 꾸준한 경제성장을 이룩해 왔다. 2010년에 와서 중국은 미국과 쌍벽을 이루는 국가로 성장했다. 중국은 막강한 경제력을 바탕으로 동북아지역, 특히 한반도에 영향력을 강화하고 있다. 한반도에 대한 중국의 핵심 정책은 한반도의 평화와 안정, 북핵문제 해결 그리고 한반도에서의 영향력 확대이다. 한반도가 불안해지면 중국의 경제성장에 부정적 영향을 미치게 된다. 중국은 남북한 관계의 안정을 원하고 있다. 그래서 한반도의 비핵화를 위해 김정은체제를 압박하면서도 동시에 북한체제가 붕괴되지 않도록 조율하고 있다. 김정일 사망 전 북한과 중국은 몇 차례 정상회담(2010년 5월과 8월, 2011년 5월)을 가졌다. 이러한 정상회담에 힘입어 북·중 간 교류와 경제협력이 강화되었다.

2011년 말 김정은체제 출범 이후 중국은 북한체제가 불안해 질 가능성에 대해 우려감을 갖기도 했다. 2014년 초 장성택을 숙청함으로써 김정은체제는 안정을 찾아가는 모습을 보이고 있다. 그런데 수차례의 미사일발사, 3차에 걸친 핵실험 그리고 인권문제 등으로 인해 북·중관계가 삐걱거리고 있다. 이런 상황에서 최근 중국의 일각에서 북한을 버릴 수 있다는 주장이 제기되기도 했다. 하지만 중국은 여전히 북한을 포기하지 않을 것이라는 것이 다수 전문가들의 시각이다.

중국은 마음만 먹으면 북한체제를 붕괴시킬 수 있는 능력을 가지고 있다. 그런데 북한체제의 붕괴가 중국의 국익에 도움이 되지 않는다고 판단하고 있다. 그래서 중국은 북한에 대한 극단적 압박이나 압력을 행사하지 않고 있다. 중국은 북한을 활용해 한반도에 대한 영향력을 확대하는 것이 국익과 일치한다고 여기고 있다. 따라서 중국은 남북한 통일에 부정적이다.

일본은 미·일동맹을 기반으로 한반도에 대한 중국의 영향력을 견제하면서 자국의 영향력을 강화하고 있다. 일본도 한반도의 평화와 안정이 국익에 도움이 되는 것으로 판단하고 있다. 일본은 경제적 분야에서는 중국과 상호의존적 관계를 유지해 오고 있다.

하지만 중국의 군사대국화나 센카쿠열도(중국명 댜오위다오)문제 등에 대해서는 우려하고 있다.

일본은 중국의 부상과 북한 핵실험 등으로 일본의 안보가 위협받고 있다고 여긴다. 그래서 미·일동맹을 공고히 함과 동시에 한·일 간 긴밀한 관계유지가 필요하다고 생각하고 있다. 그렇지만 일본의 과거사에 대한 잘못된 시각, 그리고 평화헌법 수정문제 등 아베정부의 우경화 정책으로 인해 한·일관계는 당분간 개선되기 어려울 것 같다. 일본도 겉으로는 남북한 통일에 반대하지 않는다고 한다. 하지만 지리적으로 가장 가까운 곳에 잠재적 경쟁국인 통일한국의 등장을 반기지는 않을 것이다.

마지막으로 러시아의 한반도 통일에 대한 입장에 대해 알아보기로 하자. 탈냉전의 여파와 함께 러시아의 한반도에 대한 영향력은 냉전시기보다 상당히 줄어들었다. 러시아와 북한과의 관계도 이전과는 달리 상대적으로 약화되었다. 하지만 푸틴이 다시 러시아 대통령으로 선출된 후 북한과 교류와 협력을 강화하면서 한반도에 영향력을 확대하고 있다. 러시아의 한반도 정책의 핵심은 남한과의 경제교류 강화, 북한과의 우호적 관계 회복, 그리고 이를 바탕으로 한 한반도 영향력 확장이다.

최근 러시아는 우크라이나 크림반도 점령 때문에 미국을 중심으로 한 서방세계로부터 경제제재를 받고 있다. 또한 수출에서 가장 큰 비중을 차지하고 있는 석유가격 하락으로 러시아경제가 어려움을 겪고 있다. 얼마 전부터 남한과 러시아의 경제협력이 증대됨에 따라 한반도 통일에 대한 러시아의 입장이 이전에 비해 약간 유연해지고 있는 듯하다. 주변 네 강국 중 남북한 통일을 가장 먼저 찬성할 가능성이 있는 나라가 러시아일 것 같다. 하지만 아직도 한반도의 급격한 지각변동을 바라지 않고 있다는 것이 러시아의 실질적 입장이라 여겨진다.

지금까지 한반도를 둘러싸고 있는 주변 네 강국의 한반도 정책과 통일에 대한 입장을 살펴보았다. 실질적으로 네 나라 중 어느 국가도 통일한국의 등장을 찬성하지 않고 있다. 이들은 통일과정에서 나타나게 될 한반도의 혼란을 우려하고 있으며 거대 통일한국 탄생을 바라지 않고 있다.

그렇다면 이들 네 강국이 남북한 통일을 반대하면 통일은 불가능할까? 독일은 2차 대전을 일으킨 전범국가였기 때문에 전승국인 미국, 소련, 영국, 프랑스가 독일에게 분단이라는 벌을 내렸다. 독일은 전쟁책임의 대가로 분단된 것이다. 그런데 한반도는 국력이 약했다는 것 외에 분단되어야 할 아무런 이유가 없었다. 그래서 남북한이 대화와 협상을 통해 통일에 합의한다면 주변 네 강국이 통일을 막을 명분이 없다고 생각한다. 하지만 명분과 실제는 다른 경우가 많다.

네 강국 가운데 일본이나 러시아가 통일을 반대하더라도 미국과 중국이 지지하는 경우엔 통일이 가능할 것 같다. 미・중과 비교해 볼 때 일본과 러시아는 상대적으로 한반도에 미치는 영향력이 적기 때문이다.

하지만 미국이나 중국 어느 한 국가라도 반대하는 경우 통일은 쉽지 않을 것이다. 현실적으로 남한은 미국의 영향권 하에 있다. 그리고 북한체제의 생존은 거의 중국의 손에 달려있다. 또한 한반도에 민감한 북핵문제가 걸려 있다. 따라서 두 강국의 지지가 없다면 통일은 어려울 것이라 생각된다.

국제사회에서 국가의 행위를 결정하는 핵심적 기준은 국가이익이라는 점을 새삼 확인하게 된다. 중요한 것은 우리의 국력강화이다. 우리의 국력을 통해 네 강국이 한반도 통일을 지지할 수 있도록 다각적인 노력을 경주할 필요가 있다.

미주

1) 백낙청은 과정으로서의 통일을 '1단계 통일'로 부르고 있다. 백낙청, 『한반도식 통일, 현재진행형』, 창비, 2006, pp. 20-21.

2) 1988년 재독 철학자 송두율은, 내재적 접근법이란 사회주의가 지향하는 목적을 실제적으로 어떻게 얼마나 달성되었는가를 사회주의 스스로 이야기하게 함으로써 사회주의의 실체와 기능을 드러내고자 하는 것이라고 정의하고 있다.

제2장

통일에 대한 이해 I

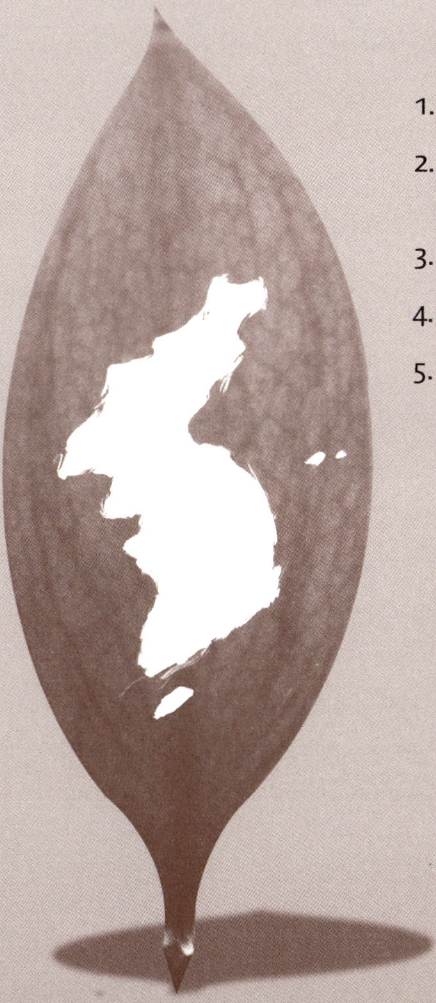

1. 통일비용과 분단비용은?
2. 금강산관광, 개성관광과 개성공단 사업의 의미는?
3. 5.24조치를 어떻게 할 것인가?
4. 남남갈등과 북북갈등은?
5. 북핵문제는 통일에 어떤 영향을 미칠까?

1. 통일비용과 분단비용은?

1990년 독일과 예멘이 통일되었다. 사회주의권의 맹주였던 소련이 해체되었고, 사회주의국가들의 자본주의체제로의 편입이 가속화되었다. 이러한 국제상황의 변화는 북한에게 아주 불리하게 작용했다. 국제사회의 외톨이가 되어버린 북한체제는 대내외적으로 위기를 맞게 되었다.

이와 함께 1990년대 중반 이후 남한은 북한체제 붕괴에 따른 흡수통일 가능성이 크다고 생각했다. 그래서 남한에서는 독일방식의 흡수통일에 대한 논의가 활발히 전개되었고 통일이 이루어졌을 때 부담해야 할 비용, 즉 통일비용과 관련한 논란이 확산되었다. 통일될 경우 막대한 통일비용 문제로 통일에 대한 회의적 시각이 제기되었는가 하면, 통일로 인해 얻을 수 있는 통일편익과 분단비용을 고려할 때 통일비용은 예상만큼 크지 않다는 시각도 제시되었다. 그런데 이러한 논의는 남한에 들어선 정부의 성격, 다시 말해 정부가 북한을 보는 시각에 따라 그리고 어떤 통일정책을 추진하는가에 따라 차이가 있었다.

김대중정부가 출범한 1998년부터 노무현정부 시기까지 점진적·평화적 통일을 지향하는 통일정책이 추진되자 통일에 대한 긴장감이 줄어들어 통일비용 논의가 주춤해졌다. 통일은 남북관계 개선을 통해 장기적인 시각으로 접근해야 한다는 분위기가 지배적이었기 때문이다. 이명박정부가 들어선 2008년에 와서 다시 흡수통일에 대한 기대감이 높아졌다. 북한을 강하게 압박한다면 북한이 붕괴될 것이고 흡수통일이 가능할 것이라는 주장이 탄력을 받게 되었다. 이와 함께 통일비용 관련 연구가 활발하게 이루어졌다. 박근혜 정부에 와서 흡수통일에 대한 기대감은 전 정부에서보다 낮아졌으나 통일대박론이 등장해 통일비용 관련 논의가 꾸준히 이루어지고 있는 상황이다.

통일비용은 남한주도의 통일이 이루어질 때 정치·경제·사회·문화 등 모든 분야에서 남한이 부담해야 할 비용을 말한다. 여기에는 첫째, 남북한이 통합된 직후의 위기관리 비용, 둘째, 두 체제를 통합하는데 드는 비용, 셋째, 북한사회를 재건하는 데 드는 비용 등이 포함된다.

통일비용은 통일시기, 통일방식, 남북한 소득격차 등에 따라 편차가 크다. 북한의 개혁·개방이 일정 부분 진행되어 북한이 얼마만큼 통일비용을 부담할 능력을 가지는가에 따라 통일비용 산출이 달라진다. 그리고 점진적으로 통일되는가 급진적으로 통일되는가에 따라 다르며, 통일 후 북한주민의 소득을 남한주민 소득의 몇 %로 끌어올리는가에 따라 통일비용 부담액이 달라진다. 또한 정부가 어느 분야에 더 큰 비중을 두고 통일비용을 지출하는가에 따라 달라질 수 있다. 예를 들어, 독일에서는 통일 직후인 1991년부터 2003년까지 전체 통일비용의 49% 정도가 연금과 같은 사회보장 분야에 지출되었다. 통일비용의 절반이 동독 주민의 복지 개선비용으로 들어간 셈이다.

남북한 통일비용과 관련해 국내외의 연구물이 많이 나와 있지만 통일비용 추산액에 상당한 차이가 있고 또 주관적인 측면이 강하다. 그래서 아래에 소개된 통일비용 관련 사항은 참고자료로 활용하면 좋을 것 같다.

한국개발연구원(KDI)은 통일방식이 점진적이냐 급진적이냐에 따라 약 2조~3조 달러가 필요할 것으로 예상하고 있는 반면, 삼성경제연구소는 KDI에서 예상한 비용의 4분의 1 수준인 5,000억 달러 정도로 잡고 있다. 그리고 한국조세재정연구원은 10년간 국내총생산(GDP)의 7~12%가 소요될 것으로 추산하고 있고, 외국계 싱크탱크 기관인 랜드연구소는 최대 8,000억 달러로 예상하고 있다.[1)] 또한 스텐포드대학교 피터 벡의 연구에 따르면, 통일을 독일식, 예멘식, 베트남식으로 구분한 후 만약 독일식으로 통일이 이루어질 경우 통일비용이 2조 달러 정도, 예멘식과 베트남식 방식으로 통일될 경우 약 3~5조 달러 정도 들 것으로 예상하고 있다.

그런데 대부분의 통일비용 관련 연구에서는 남한의 통일비용 부담능력에 심각한 문제가 없다는 입장인 것 같다. 통일 이후 북한의 사회간접시설 개발, 지하자원 개발, 노동력 활용 등을 통해 국내외의 투자를 유치하면 남한이 통일비용을 감당할 수 있다고 한다. 북한지역을 재건하기 위해 들어가는 비용을 투자의 개념으로 보아 이를 통일편익으로 생각한다면 충분히 극복해 나갈 수 있다고 한다. 그래서 통일비용 때문에 통일을 망설여서는 곤란하다고 주장한다.

하지만 지금 남한의 통일준비 상황은 어떤가?

지금 남한은 한반도 신뢰프로세스[2)]라는 통일정책을 마련해 추진하고 있다. 그리고 통일대박론을 주장하면서 통일준비위원회를 발족시켜 통일을 위한 노력을 하고 있다. 대통령이 외국정상들과

회담할 때면 우리의 통일정책을 지지해 달라고 부탁하면서 국제적 스펙트럼을 넓혀가고 있다. 하지만 통일준비를 위해 우선적으로 해야 할 것은 남북관계 개선이다. 경색된 남북관계를 그대로 둔 채 통일대박을 주장해 봐야 형식적 구호에 그칠 가능성이 크다.

통일을 위해서는 여러 가지 준비가 필요하다. 국가차원의 제도적 정비, 남남갈등 해소, 사회적 혼란 방지대책, 그리고 국제사회의 지지 등 대비할 사항이 많다. 그 가운데 중요한 것 중 하나가 경제적 준비이다.

정부는 미래 통일을 위해 나름의 대비를 하고 있는 것 같다. 그런데 냉정하게 생각해 볼 때 어느 것 하나 제대로 준비된 것이 없다. 준비되지 않은 통일이 이루어진다면 통일한국의 상황이 어떻게 전개될지 걱정스럽다. 특히 지금의 남한 현실을 고려해 볼 때 경제성장 동력이 한계에 봉착해 급속한 경제성장을 기대하기 어렵다. 그리고 복지비용과 같은 사회적 비용이 빠르게 증가하고 있다. 그래서 일부에서는 천문학적인 통일비용을 감당하기 어렵다는 주장이 나오고 있다. 통일은 필요하다. 하지만 빠른 통일보다 점진적 통일로 남한이 부담해야 할 비용을 줄여야 한다.

2. 금강산관광, 개성관광과 개성공단 사업의 의미는?

남북교류와 협력이 어느 정도 계속적으로 이루어진 사례로 금강산관광과 개성관광 그리고 개성공단 사업을 들 수 있다. 이 세 사례를 제외한 남북교류와 협력은 일회성이나 이벤트성을 벗어나지 못했다.

이 사업이 어떻게 이루어졌는지 그 과정을 간략히 살펴보기로 하자.

먼저 금강산관광 사업과 관련된 부분이다. 1988년 7월 노태우 대통령의 민족자존과 통일번영을 위한 특별선언('7.7선언')으로 남북경협이 본격적으로 시작되었다. '7.7선언'의 핵심내용은 남북한 주민 상호방문과 교류 허용, 남북교역의 민족내부 교역 간주, 우방국들의 대북교역 인정 등이다. 이 내용을 기초로 1989년 당시 현대 정주영명예회장이 북한을 방문해 김일성과 금강산 남북공동개발 의정서를 체결했다.

1990년 8월 한반도 긴장완화와 평화통일을 위한 남북교류협력법이 제정되었다. 이 법이 제정되었음에도 남북교류와 협력이 증대되지 못하다가 김대중정부가 출범한 후 급속히 확대되었다. 남한의 화해협력정책에 힘입어 1998년 금강산관광이 시작되었고 남북한 교류와 협력이 본격적으로 실시되었다. 하지만 2008년 7월 북한군의 무고한 남한 관광객 피격사건으로 이 사업이 지금까지 중단된 상태이다.

다음으로 개성공단 사업 및 개성관광과 관련된 내용이다. 2000년 현대아산과 북한 아시아태평양평화위원회가 개성공업지구건설운영에 관한 합의서를 체결하여 2003년 6월 개성공단이 착공되었다. 2004년 말 개성공단에서 첫 제품이 생산되었다. 이후 지금까지 남북관계의 악화로 몇 번의 공단가동 중단 위기가 있었지만 현재까지 계속 운영되고 있다. 개성공단 사업의 연장선상에서 2007년 12월 개성관광 사업이 시작되었다. 이 개성관광 사업은 금강산관광 사업과 더불어 중요한 남북한 문화교류로 평가되었다. 하지만 개성관광 사업도 금강산 관광객 피격사건으로 2008년 11월 중단되었다.

위에서 금강산관광, 개성관광과 개성공단 관련 사항을 간략히 살펴보았다. 분단 이후 남북 간 교류와 협력이 일부 진행된 적이 있었으나 금강산관광, 개성관광과 개성공단 사업을 제외하고 지속적으로 이루어진 사례는 없었다. 이들은 남북관계의 수준을 한 단계 끌어올린 획기적 사례라 할 수 있다. 이들은 남북한이 합의를 통해 상생하는 방안을 마련할 수 있음을 보여주는 좋은 선례가 되고 있다.

2003년 착공 이후 지금까지 계속 유지되고 있는 개성공단 사업과 관련해 좀 더 구체적으로 살펴보기로 하자.

개성공단 사업이 지금까지 별 문제없이 지속되어 온 것은 아니다. 2008년 북한의 군사분계선 육로통행 제한조치로 인한 남한 출입인원의 제한, 2009년 남한근로자 개성억류 사건, 2010년 천안함 피격사건에 따른 가동중단 위기, 2010년 천안함 피격사건의 책임을 물어 개성공단을 제외한 모든 남북경협을 중단한 5.24조치 시행, 그리고 2013년 강화된 한·미합동 군사훈련에 반발한 북한의 개성공단 가동중단 위협 등 여러 문제들이 있었다. 다행히 이러한 우여곡절에도 개성공단은 지금까지 계속 가동되고 있다.

현대경제연구원이 2014년 11월 19일부터 12월 2일까지 실시한 설문조사에 의하면, 응답자 가운데 58%가 개성공단 효과를 긍정적으로 평가했다. 그리고 이들 중 87%는 개성공단 사업을 확대해야 한다고 답했다. 앞으로 한·중 FTA가 발효되면 개성공단 제품을 한국산으로 인정받게 되어 무관세 혜택을 받을 수 있어 중국시장에 대한 수출 확대 및 외국기업의 투자확대 효과가 있을 것으로 기대하기 때문인 것 같다.

개성공단에는 2014년 10월 현재 125개의 남한기업이 입주해 있으며, 북한 근로자 52,000명 정도가 일하고 있다. 개성공단 사업은 남북한 간 공동의 이익을 얻는다는 경제적 차원뿐만 아니라 안보적 차원에서도 중요하다. 휴전선에서 개성까지 거리가 24km가량 된다. 이는 휴전선 일부를 북쪽으로 이 거리만큼 밀어 올리는 효과가 있다고 할 수도 있다. 이 사업은 남한의 자본과 기술 그리고 북한의 노동력을 활용하여 진행되고 있다. 이것은 남한의 중소기업이 해외로 공장을 이전하지 않고 한반도 내 개성 땅에 사업을 할 수 있도록 함으로써 경제적 이익을 가질 수 있게 한다. 그리고 북한 근로자들을 대거 취직시켜 북한도 경제적 이득을 얻고 있다. 또한 이 사업은 장차 남북한의 공생이 어느 정도 그리고 어떻게 가능한지를 시험하는 하나의 가늠자 역할을 하고 있다.

여기에서 통일을 염두에 두고 이런 저런 논의를 하고 있지만, 통일을 전제하지 않더라고 개성공단 사업이나 금강산관광, 개성관광 사업은 남북관계를 생각할 때 참으로 중요하다. 이러한 사업들을 통해 남북한 간 교류와 협력이 늘어나게 되면 이를 바탕으로 신뢰가 두터워져 남북관계는 개선될 것이다. 우리가 북한과 무관하게 살 수 있으면 북한을 무시하거나 배제시켜도 된다. 하지만 헌법 제3조에 "대한민국의 영토는 한반도와 그 부속도서로 한다."라고 되어 있다. 따라서 북한을 도외시하고 살 수 없고 탈북자를 받아들이지 않을 수도 없다.

따라서 남한은 남북관계가 어떻게 변화되더라도 개성공단 사업을 계속 유지할 제도적 장치를 마련할 필요가 있다. 또한 금강산 관광, 개성관광 사업을 가능한 한 빨리 재개할 수 있도록 적극적으로 노력할 필요가 있다.

3. 5.24조치를 어떻게 할 것인가?

현재 남북관계에서 고민해야 할 중요한 문제 중 하나가 2010년에 발표한 5.24조치이다. 이것은 북한이 저지른 천안함 피격사건 이후 우리 정부가 발표한 '천안함 사태 관련 대북조치'('5.24 조치')를 말한다. 이 5.24조치의 주요 내용은 남한 국민의 방북 불허, 남북교역 중단, 신규투자 및 현재 진행 중인 사업의 투자 확대 금지, 대북지원사업의 원칙적 보류, 북한선박의 우리 해역 운항 전면 불허, 인도적 목적의 북한지원이라도 정부와 사전협의를 가질 것 등이다. 개성공단 사업을 제외한 모든 남북한 간 경제교류와 협력을 동결시킨 조치로 볼 수 있다.

우리 정부는 천안함 피격사건에 대한 북한의 책임 있는 사과를 받아야 5.24조치 해제를 검토할 수 있다는 입장을 견지하고 있다. 이러한 우리 정부의 주장은 합당하다. 북한은 무고한 남한 군함을 격침시켜 죄 없는 장병들을 수장시켰음에도 자기들의 소행이 아니라고 부정하고 있다. 북한은 마땅히 남한에게 사죄하고 잘못을 빌어야 한다.

그럼에도 이제는 남한의 국익을 위해 5.24조치 문제에 대한 논의가 필요하다고 여겨진다. 그 이유는 다음과 같다. 첫째로, 5.24조치가 남북관계에 미치는 영향력이 매우 크기 때문이다. 둘째로, 한반도 신뢰프로세스와 일부 모순되는 측면이 있다. 셋째로, 박근혜정부의 통일대박론, 드레스덴선언[3] 그리고 통일위원회 구성목적 등과 어울리지 않는 측면이 있다. 그리고 넷째로, 이 조치가 북한보다 남한에 더 손해를 주고 있기 때문이다. 이 네 가지 문제에 대해 구체적으로 검토해 보자.

첫째, 남한이 북한의 존재를 무시해 버리고 남한만의 발전과 번영을 추구할 수 있으면 좋겠지만 휴전선 위에 있는 북한의 존재를 버릴 수 없는 것이 현실이다. 그렇다면 남북관계 개선을 통해 함께 공생해 나가는 것이 합리적이다. 남북관계 경색을 풀어 대화와 협력을 통해 통일의 발판을 놓는 것이 필요하다. 그런데 5.24조치의 존재가 걸림돌이 되고 있다. 이 조치가 사실상 모든 남북관계의 개선을 가로막고 있다고 해도 과언이 아니다.

둘째, 현 정부 통일정책인 한반도 신뢰프로세스에 따르면, 남북한이 실질적인 신뢰를 구축해 관계를 증진해 나가자고 주장하고 있다. 남북한의 신뢰구축은 기본적으로 남북한이 만나 서로를 이해할 수 있는 최소한의 장이 마련되어야 가능하다. 그런데 개성공단 사업을 제외한 모든 남북교류・협력관계를 중단시킨 5.24조치를 그대로 둔 채 양자가 만나 현안사안을 논의해 나가는 것은 어울리지 않는다. 또한 이 조치는 남북관계를 이끄는 우리정부의 운신 폭을 대폭 줄이게 만들고 있다.

셋째, 박근혜정부가 올해 초 내어놓은 통일대박론과 드레스덴 선언의 내용에는 남북한 주민의 인도적 문제 우선 해결, 남북한 공동번영을 위한 민생 인프라 구축, 그리고 남북한 주민 간 동질성 회복 등이 들어있다. 이 내용을 실현하기 위해 '남북교류협력사무소' 설치를 제안하였다. 또한 평화통일에 대한 국민적 공감대를 확산하고, 민과 관의 협력을 통해 한반도 통일을 체계적으로 준비하고자 구성된 통일준비위원회와 드레스덴 선언 등은 남북대화 그리고 교류와 협력을 기본으로 하고 있다. 그런데 5.24조치는 현 정부가 지향하는 남북관계 개선방향과 맞지 않다.

넷째, 5.24조치는 북한의 사과와 재발방지 약속을 받기 위한 북한 압박용이었고, 또 북한에 타격을 주기 위한 것이었다. 이 조치가 북한에게 경제적·심리적 부담과 손해를 준 것은 사실이다. 그런데 이 조치로 인해 실제로는 북한보다 남한에 더 큰 부작용이 나타나고 있다.

대북경제제재 조치인 5·24조치가 북한에게 어느 정도 경제적 손해를 주었는지 잠시 살펴보기로 하자. 대한무역투자진흥공사 통계에 따르면, 2011년 북한의 대외무역은 63억 달러였는데, 2013년 대외무역규모가 전년 대비 7.8% 증가한 73억 4천만 달러로 나타났다. 2013년 북한의 수출은 2012년 대비 11.7%가 증가한 32억 2천만 달러로 집계되었다. 북한의 대중 무역규모는 2012년에 비해 8.9% 증가한 65억 4천만 달러로, 대중무역 비중이 89.1%로 북한의 중국의존도가 높아지고 있다. 또한 2013년 북한과 러시아 간 교역액이 2012년 대비 37.3% 증가한 1억 4백만 달러로 집계되었다.[4)]

이러한 통계는 남북교류와 협력이 단절되었음에도 북한경제가 별로 타격을 받지 않았음을 나타내고 있다. 5.24조치가 유지되고 있음에도 오히려 북한의 수출은 늘어났다. 그리고 북한의 대중의존도는 더 높아졌다.

그 반면 남북경협기업실태조사단이 국회 외교통상통일위원회의 도움을 받아 2011년에 발간한 '남북경협기업실태조사 보고서'에 따르면, 조사대상 1,017개 업체 중 400여 개 업체가 이미 연락이 되질 않거나 폐업상태였다고 한다. 이러한 통계결과는 5.24조치가 북한경제를 압박하기 위한 조치였음에도 오히려 남한의 기업에 더 큰 손해를 끼친 것으로 해석할 수 있다.

이제 정부는 5.24조치의 해제 혹은 완화를 적극 검토할 필요가 있다. 야당뿐만 아니라 여당의 일각에서도 5.24조치의 해제와 관련한 주장이 나오고 있다. 특히 2014년 11월 '나진-하산 물류 프로젝트'를 통한 남북한 경제교류는 5.24조치의 예외로 인정해 추진된 것이라고 한다. 하지만 남한이 이 남한-북한-러시아 프로젝트에 보다 안정적으로 참여하기 위해서는 5.24조치를 해제하거나 완화하는 조치가 있어야 한다.[5)]

남북한 간 교류와 협력을 막아놓은 5.24조치에 대한 현명한 정책적 변화가 필요한 시점이다. 5.24조치의 예외 폭을 대폭 확대해 형식적으로는 이 조치를 유지하면서 실질적으로는 남북한 간 교류·협력을 인정하는 방법도 하나의 방안이 될 수 있다. 또한 남북정상회담과 같은 획기적 결단을 통해 이 문제를 해결하는 방안도 생각해 볼 수 있다.

북한이 남한의 애물단지임은 분명하다. 하지만 북한이 한반도 통일의 한 축임을 부인할 수는 없다. 북한이 남한에 대해 수시로 도발을 하고 또 무리한 요구를 할 때가 많다. 그럼에도 여러 면에서 우월한 힘을 가지고 있는 남한이 자신감을 갖고 전향적인 해결책을 마련할 필요가 있다.

5.24조치는 정치적 조치의 하나이다. 남북관계에 있어 정치적 논리가 경제를 압도하는 것은 바람직하지 않다. 경제적 협력을 통해 정치·군사적 화해와 평화를 가져오게 한다는 것이 기능주의이다. 물론 경제적 협력만으로 정치·군사적 화해와 평화를 가져오는 것은 쉽지 않다. 그럼에도 국내외적 여건을 고려해 볼 때 남북관계 개선을 위해서는 기능주의적 접근이 필요하다. 지속적인 경제적 교류와 협력의 증진을 통해 남북관계를 개선해 나가는 것이 통일에 도움이 된다.

4. 남남갈등과 북북갈등은?

어느 사회든 갈등과 분열은 존재한다. 갈등과 분열이 없는 사회는 정상적 사회가 아니다. 갈등과 분열의 원인은 다양하다. 계층, 세대, 신분, 이념 등 여러 가지 요인이 갈등과 분열을 가져오게 한다.

한 사회 구성원이 어떤 사회나 현상에 대해 가지고 있는 믿음이나 의식을 이념이라고 한다. 이념은 사상의 자유에 기반을 두고 있다. 그래서 이념적 차이가 있다는 것 때문에 억압받고 멸시받는 사회는 자유로운 사회가 아니다.

우리 사회는 해방이후 분단이라는 원죄로 인해 이념 차이에 따른 갈등이 심했다. 특히 통일과 북한을 보는 시각의 차이로 인해 국민 간 갈등이 계속되고 있다. 대체로 우리 사회에는 북한을 경계의 대상으로 보고 흡수통일을 주장하는 입장과, 북한을 통일을 이루어 나갈 남한의 동반자로 인식하고 점진적 통일을 주장하는 입장이 공존하고 있다. 전자는 보수적 시각에 가깝고 후자는 진보적 시각과 맥을 같이 한다고 할 수 있다. 이 양자 간의 갈등을 남남갈등이라고 부를 수 있다.

건강한 사회란 보수와 진보가 건전한 비판을 통해 사회 발전을 이루는 사회이다. 그런데 서로 이해하고 인정하기보다 상호 불신하고 불인정하려는 데서 여러 가지 문제가 발생한다. 자기와 다른 이념을 가지고 있다고 비난하고 인정하지 않으면 갈등이 심화될 수밖에 없다.

1987년 민주화 시기 이후 남한사회에서 이념적 대립현상이 크게 표출되었다. 특히 화해협력정책을 추진한 김대중정부 시기부터 남남갈등이 심화되어 우리 사회의 화합에 걸림돌로 작용해 왔다. 현 박근혜정부에서도 이러한 남남갈등이 여전히 심화되고 있다.

최근에 나타난 남남갈등 사례를 보자. 2014년 9월 인천아시안게임이 있었다. 당시 북한은 아시안게임에 북한응원단을 보내기로 하고 남한에 응원단을 위한 경비 지원을 요청했다. 원래 체제비는

응원단을 보내는 나라가 부담한다. 북한이 부담해야 하는 것이 원칙이다. 그런데 당시 북한이 국내사정을 이유로 남한에 경제적 지원을 요구해왔다. 이 문제에 대해 우리 국민들의 입장은 대체로 지원 찬성과 반대로 양분되었다. 정부는 최소한의 경비 외엔 지원할 수 없다는 결정을 내렸다. 결국 북한응원단은 오지 않았다. 정부의 결정을 '옳다, 그르다.'라고 단순하게 판단할 수는 없다. 다만 북한과의 만남을 통해 경색된 남북관계를 풀 수 있는 계기로 삼았다면 좋았을 것이라는 아쉬움이 있다.

이러한 남남갈등이 최근에 와서 오히려 줄어들기보다 더 확대되고 있는 양상을 보이고 있는데, 그 이유를 살펴보기로 하자.

첫째, 분단의 지속에 따른 남북분단 구조의 고착으로 남북한 간 협력을 통해 상생하려는 의식이 약해지고 있기 때문이다. 분단 초기에 남북한은 체제경쟁에서 우월적 위치를 차지하기 위해 갖은 노력을 다했다. 그러다 보니 상대를 비난하고 대립을 조장하는 상황이 많이 발생했다. 1990년대 이래 북한은 체제경쟁에서 더 이상 남한의 경쟁상대가 되지 않고 있다. 그럼에도 여전히 남북한 경쟁이 지속되면서 남한사회 내부에 상당한 영향을 미쳤다. 이념적 성향이 다르다는 이유로 국민들 간 건전한 비판보다 비난과 불신이 확대되는 결과를 초래했다. 특히 김대중 노무현정부에서 추진한 대북포용정책과 평화번영정책은 이를 반대하는 보수세력으로부터 큰 비판과 비난을 받았다. 또한 이명박정부의 상생공영정책도 진보세력으로부터 상당한 비판과 비난을 받았다. 분단구조의 고착으로 말미암아 남한사회 내 이념적 갈등이 확대되었다.

둘째, 6.25전쟁의 여파 때문이다. 시간이 지남에 따라 6.25를 경험한 세대가 점점 줄어들고 있다. 하지만 여전히 전쟁을 직접 경험한 세대는 북한을 불신하고 증오하면서 통일의 상대로 인정하지 않으려고 한다. 이와는 달리 전쟁 경험이 없는 세대는 북한을 통일의 동반자로 여기는 측면이 상대적으로 강하다. 물론 6.25전쟁 관련 내용은 학교교육이나 언론 등을 통해 후세들에게 전승되고 있다. 하지만 북한을 보는 인식은 전쟁 경험 유무에 따라 상당히 다르다. 이것이 세대 간 갈등과 함께 남남갈등을 일으키게 하는 요인 중 하나로 작용하고 있다.

셋째, 남한 사회 내에 이러한 이념적 갈등을 조정할 수 있는 장치가 없기 때문이다. 태국이나 일본의 경우, 심각한 갈등으로 국가가 위기에 처하면 왕이라는 존재가 그 갈등을 조정하는 역할을 한다. 그런데 우리 사회에는 다수 국민들로부터 존경과 사랑을 받는 조정자나 조정기구가 없다. 따라서 남남갈등이 생길 때 이를 중재하거나 조정할 갈등해소 장치가 없다.

넷째, 일부 언론의 문제도 있다. 최근 인터넷매체를 비롯한 언론매체가 양적으로 많이 늘어났다. 하지만 양적 확대에 비해 질적 발전에 문제가 있는 일부 언론사들이 존재한다. 언론의 주요 기능이 객관적 사실보도와 비판기능이다. 그런데 이러한 본래의 기능에 충실하지 않아 문제가 발생하고 있다. 언론사가 자신의 이념적 시각을 갖고 보도하는 것은 나무랄 수 없다. 하지만 사실을 왜곡해 보도한다거나 지나치게 편향되게 보도함으로써 일반 국민들을 호도하는 것은 문제가 있다. 또한 거대자본의 영향으로 언론의 비판기능이 왜곡되기도 한다. 이와 같은 영향으로 언론인의 자율성과 편집권의 독립성이 위축될 수 있다. 이러한 언론의 보도가 남남갈등을 부추기는 역할을 하기도 한다.

북한이 존재하는 한 북한과 통일관련 문제로 인한 남남갈등은 존재할 수밖에 없다. 민주주의사회 구성원 간에 의견이 다를 수 있고 서로 비판할 수 있다. 그렇지만 지금과 같이 지나치게 감정적·인신공격적 양상이 계속되는 것은 곤란하다. 이는 사회를 화합으로 이끌기보다 분열을 부추긴다. 또한 소모적 논쟁으로 인해 국력 낭비를 가져오게 한다. 갈등 극복의 논의가 합리적으로 이루어져야 국가 발전에 도움이 된다. 그래야 장차 통일을 달성하는데 걸림돌이 되지 않을 것이다.

어떤 정부가 출범하든 남남갈등을 줄이는 노력을 해야 한다. 정부의 통일정책은 남한 국민 다수의 뜻을 담은 것이어야 한다. 정부정책에 반대하는 사람이 있을 것이다. 하지만 이 반대가 건전한 비판수준을 넘어 남남갈등을 지나치게 확대되게 해서는 안된다. 정부의 통일정책은 국민다수의 지지가 있을 때 힘을 발휘할 수 있다. 국민 개개인 모두가 정책에 찬성하지는 않는다. 따라서 다수 국민의 지지를 얻는 것이 곧 국민적 합의라 할 수 있다.

북한과 통일문제를 둘러싼 남남갈등을 줄이는데는 통일정책의 일관성이 중요하다. 이론적으로는 특정한 정파가 아닌 초당적인 차원에서 통일정책을 입안·추진해야 한다는데는 동의한다. 하지만 현재의 구도 하에서 일관성 있는 정책을 만들기는 어렵다. 보수와 진보 진영이 서로를 인정·이해하고 건전한 비판을 통해 상생하는 문화가 조성될 때 일관성있는 초당적 통일정책 수립이 가능하리라 생각된다.

북북갈등이라는 것도 있다. 북북갈등은 두 가지로 구분된다. 하나는 북한 내 주민들 간에 존재하는 북한 내 갈등이고, 다른 하나는 남한 내 북한이탈주민 사이에 존재하는 갈등이다. 일반적 의미의 북북갈등은 전자를 말한다. 이는 평양 주민과 그 외 지역 주민 간, 혹은 평안도 주민과 함경도 주민 간 갈등과 같은 것이라 할 수 있다. 그런데 수령중심의 일당독재체제인 북한에서 이와 같은 공식적인 북북갈등은 없다고 할 수 있다.

2013년에 불거진 개성공단 가동중단 위기 때 북한 내 당과 군부가 갈등을 빚었다는 뉴스가 보도된 적이 있다. 북한 군부는 개성공단의 가동중단을 주장했으나 당은 가동중단으로 이어지는 것을 반대했다고 한다. 이러한 북북갈등이 있었다고 할 수도 있으나 이것이 공개적으로 나타나 북한체제에 큰 영향을 미쳤다고 보기는 어려울 것 같다.

앞에서 언급했듯이 어느 사회든 갈등과 분열이 존재한다. 북한에서도 개인적 차원에서 김정은체제를 비난하는 사람들이 당연히 존재할 것이다. 그런데 지구상에서 거의 유일하게 집단적 차원에서 갈등과 분열상을 발견할 수 없는 곳이 북한이다. 이런 점에서도 북한은 정상적 사회가 아니다.

남한 내 북한이탈주민을 둘러싼 북북갈등은 최근 대북전단을 날려보내는 북한이탈주민 단체 간에 나타나고 있다. 이들 단체 중 하나는 북한인권개선에 중점을 두고 있는 데 비해, 다른 하나는 북한선교를 통해 북한을 변화시키는데 비중을 두고 있다고 한다. 이러한 갈등의 원인에는 이들 단체를 이끄는 개인 간의 불화로 인한 측면이 있다. 그런데 더 큰 갈등의 원인으로 지적되고 있는 것은 대북전단을 날리는데 필요한 지원금을 많이 받기 위해서라고 한다. 대북전단을 날리는데 드는 비용은 거의가 정부나 민간에서 지원하고 있다. 이러한 북북갈등은 북한이탈주민 스스로에게도 도움이 안될 뿐만 아니라 남한 국민들의 지지를 받지 못하는 바람직스럽지 못한 행위이다.

5. 북핵문제는 통일에 어떤 영향을 미칠까?

국제사회에서 북한 핵문제는 뜨거운 감자로 인식되고 있다. 북한은 1993년 핵확산금지조약 탈퇴 이후 국제사회로부터 엄청난 비난을 받고 있으나 북한의 핵능력은 점점 강화되고 있다. 북한은 무엇 때문에 핵무기 개발에 목숨을 거는가?

첫째, 핵개발은 북한체제 유지를 위해서이다. 국제사회의 문제아로 낙인 찍힌 북한의 체제유지에 핵무기가 필수적이라는 것이다. 대개의 국가에서는 핵을 가질 이유가 없다. 한국과 같은 보통국가는 1970년에 발효된 NPT체제를 거부하고 핵무기 개발을 할 경우 국제사회로부터 압력을 감당하기 어렵기 때문이다. 북한은 국제사회의 갖은 압력과 위협을 무릅쓰고 지금까지 핵개발을 추진해 왔다. 지난 2013년 3차 핵실험을 통해 사실상 핵보유국가로 인정받고 있다. 핵을 포기하면 북한에 필요한 거의 모든 것들을 제공하겠다는 남한과 국제사회의 제안에도 아랑곳하지 않고 있다.

리비아와 우크라이나 사태는 북한의 핵포기를 어렵게 만드는 사례가 되고 있다. 2003년 리비아는 미국과 영국을 포함한 서방국가와의 협상을 통해 핵포기를 선언했다. 당시 리비아의 카다피정권은 체제 보장과 경제적 지원을 댓가로 핵을 포기했다. 그런데 2011년 미국과 북대서양조약기구(NATO)는 리비아를 공격해 카다피정권을 전복시켜 버렸다.

한편, 2011년 소련이 해체되었을 때 소련의 병참기지 역할을 했던 우크라이나는 상당량의 핵무기를 가지고 있었다. 우크라이나는 미국, 러시아 등으로부터 핵 포기 종용을 받고 자진해서 핵무기를 폐기했다. 핵 포기 대가로 우크라이나의 영토주권 보장과 경제적 지원 등의 약속을 받아냈다. 이 우크라이나 모델은 북한이 핵개발을 포기하고 체제보장과 경제지원을 받게 하는 좋은 선례가 되는 듯했다.

그런데 지난 2014년 러시아는 이전에 했던 약속을 어기고 우크라이나의 크림반도를 무력으로 장악해 버렸다. 핵을 포기한 우크라이나는 러시아의 침공에 속수무책이었다. 이 시점에 와서 리비아와 우크라이나 사태는 북한의 핵무기 포기를 더욱 어렵게 만드는 나쁜 사례로 작용하고 있다.

둘째, 군사적·정치적 위상문제이다. 핵무기 보유국가와 미보유국가의 군사력과 정치적 위상에는 상당한 차이가 있다. 핵무기 보유 여부는 군사적 측면과 함께 정치적 측면에도 상당한 영향을 미친다. 북한이 현재 공식적으로는 핵무기 보유국가로 인정받지 못하고 있지만 사실상 핵보유 국가로 인정받고 있다. 특히 북한같은 불량국가에게 핵을 포기하도록 하기 위해서는 상당한 대가를 지불해야 한다. 북한은 핵포기 대가로 확고한 체제유지 담보와 상당량의 경제적 지원을 원하고 있다. 하지만 위 두 사례에서 보았듯이 국제사회가 북한체제를 아무리 확고하게 보장해 준다고 약속하더라도 북한은 핵을 포기하지 않을 것으로 예상된다.

북핵문제를 해결하기 위해 미·중·일·러와 남북한을 포함한 6자회담이 결성되었다. 2003년 첫 회의를 가진 이래 핵폐기 원칙에 합의한 9.19선언(2005년) 그리고 단계별 비핵화에 동의한 2.13합의(2007년) 등을 통해 북한 핵폐기에 어느 정도 성과를 낸 듯했다. 그렇지만 그 후에는 6자회담이 별다른 성과를 내지 못했고 2008년 이후 지금까지 회담조차 열리지 못하고 있다.

셋째, 핵무기는 북한의 효과적인 대내적 통제수단이 되고 있다. 핵무기는 미사일 발사와 함께 김정은정권에 대한 군부의 충성심을 강화시킨다. 또한 북한주민의 대내적 결속을 다지는데 크게 기여하고 있다. 강성대국을 지향하는 북한은 핵개발을 통해 체제의 우월성을 선전하는 한편, 체제에 도전하는 어떤 세력이라도 분쇄해 버린다는 억압기제의 핵심요소로 핵무기를 활용하고 있다.

한때 남한사회에서 통일이 되면 북한의 핵무기가 통일한국의 것이 된다고 인식되기도 했다. 그래서 북한의 핵개발을 반대할 이유가 없다는 주장이 일부 제기되었다. 하지만 북핵문제를 남북한 간 협상을 통해 해결해보자는 주장은 설득력을 잃고 있다. 이미 북핵문제는 미국과 중국을 비롯한 국제사회의 중요문제로 넘어가 버렸다. 그렇기 때문에 어떠한 방식의 통일이든 핵문제가 해결되지 않으면 남북한 통일은 요원하다고 생각한다. 미국과 중국은 통일한국의 핵무기 보유를 허용하지 않을 것이기 때문이다.

넷째, 핵무기 개발은 북한 내 취약한 분야의 단점을 보완하고 상쇄하는 역할을 하고 있다. 사회주의적 계획경제 운영의 실패와 국제사회의 압박 때문에 북한주민들은 경제적 어려움에 처해 있다. 특히 북한정권이 시도한 일련의 경제정책 실패는 대량의 아사자와 탈북자 양산을 초래하기도 했다. 그래서 북한은 재래식 군사력을 줄이는 대신 비용이 덜 드는 핵무기로 국방비를 줄이려는 의도를 가지고 있다. 그런 면에서 핵은 체제생존을 위한 보루인 동시에 경제적 어려움을 이겨내기 위한 수단으로 활용되고 있다. 또한 북한은 남한이 가지고 있지 않은 핵무기를 보유하고 있다는 점을 선전하고 있다. 핵무기 개발을 통해 북한의 위상을 높이고 북한주민의 불만을 줄이는 효과를 동시에 노리고 있다.

미주

1) 서울경제신문, 2014. 2. 13.
2) 박근혜정부의 통일정책으로서, 튼튼한 안보를 바탕으로 남북한 간 신뢰를 형성해 남북관계를 발전시키고, 한반도에 평화를 정착시켜 통일 기반을 구축하려는 정책을 말한다.
3) 이것은 2014년 3월 박근혜 대통령이 통독의 상징도시인 드레스덴에서 행한 평화통일 기반조성을 위한 대북 3대 제안을 말한다. 이 3대 제안은 첫째, 남북 주민의 인도적 문제 우선 해결 둘째, 남북 공동번영을 위한 민생 인프라 구축 셋째, 남북 주민 간 동질성 회복 등이다.
4) 대한무역투자진흥공사가 발표한 '2013 북한 대외무역동향보고서' 참조.
5) 나진-하산 프로젝트에 남한 해운사 현대상선이 참여하고 있음에도 이번 시범운송에서 중국 국적 배가 석탄을 운송했다. 이는 5.24조치로 북한선박의 남한 해역 운항이 금지된 것과 마찬가지로 남한선박의 북한 해역 운항도 금지되었기 때문이다.

제3장

통일에 대한 이해 Ⅱ

1. 남한의 통일방안과 통일정책은?
2. 북한의 통일방안과 통일정책은?
3. 다문화적 시각과 통일과의 관계는?
4. 분단국가의 통일사례는?
5. 학교통일교육은 잘 되고 있는가?
6. 북한이탈주민 현황과 이들의 남한사회 적응문제는?

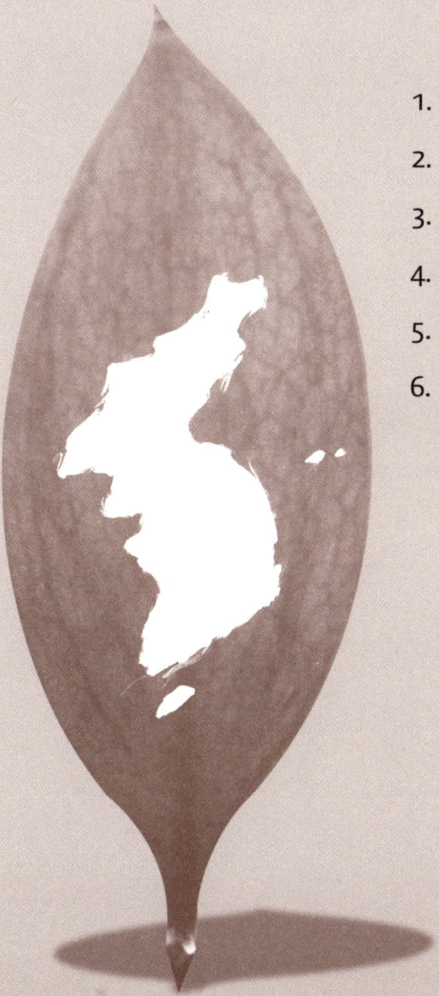

1. 남한의 통일방안과 통일정책은?

통일방안은 통일에 대한 접근방식과 통일을 실행하고자 하는 정부의 계획이다. 통일정책은 통일국가 건설을 목표로 삼고, 이를 위해 남북한 관계를 조정해 가는 정부의 정책을 의미한다. 남한의 통일방안과 통일정책에는 자유민주적 절차에 따른 평화적 통일, 남북한 주민 모두의 자유와 인권 보장 그리고 통일한국의 번영 등의 내용이 포함되어 있다.

정부가 수립된 이후 지금까지의 통일정책과 통일방안을 개략적으로 살펴보면 다음과 같다.

1948년 정부수립 이후 1973년 '평화통일 외교정책에 관한 특별선언'(6.23선언)이 발표될 때까지 통일방안이라고 할 수 있는 것은 거의 없었다. 근대화를 통한 조국통일을 강조한 1966년 박정희대통령 연두교서, 1970년 광복절 경축사에서 행한 평화통일구상 선언 그리고 1972년 7.4남북공동성명 등이 통일방안의 큰 테두리 안에 포함될 수 있다. 박정희정부의 6.23선언은 조국의 평화적 통일을 우리 민족의 지상과업으로 규정하고 한반도 평화유지를 위해 남북한 내정불간섭 및 불침략 등을 주 내용으로 하고 있다.

1982년 전두환대통령이 국정연설에서 '민족화합 민주통일방안'을 제안하고, 민족자결 원칙에 입각해 통일을 이루어야 한다는 기본원칙을 표명했다. 이 통일방안은 평화통일의 원칙을 재확인하고 민족, 민주, 자유, 복지를 목표로 하는 통일국가의 미래상을 제시하고 있다. 또한 이 방안에는 통일헌법 제정 및 이 헌법에 따라 통일국가를 완성시키는 과정 등이 주된 내용으로 포함되어 있다.

1988년 노태우정부는 '민족자존과 통일번영을 위한 특별선언'(7.7선언)을 발표했다. 이 선언에서 북한을 대결의 상대가 아니라 선의의 동반자로 간주하고 남북한 간 대결구조를 화해구조로 전환시켜 나갈 것을 제시하였다. 이와 함께 노태우대통령은 1989년 '한민족공동체 통일방안'을 제안하였다. 이 방안의 핵심은 남북한 간 교류와 협력을 통해 민족공동체를 회복·발전시키고 이를 바탕으로 통일국가를 만들자는 것이었다. 또한 통일국가 수립을 위해 남북연합단계를 거쳐 통일헌법이 정하는 절차에 따라 총선거를 실시해 통일민주공화국을 수립하자는 것이었다. 이러한 통일 노력의 산물로 1990년 제1차 남북 고위급회담이 열렸고, 1992년 6차 고위급회담에서 남북기본합의서가 발효되었다.

1994년 김영삼정부는 이전 정부의 통일방안을 계승 보완하여 '민족공동체 통일방안'(한민족공동체 건설을 위한 3단계 통일방안)을 제시했다. 이 시기는 이미 남북체제경쟁에서 우위를 점한 남한이 자신감을 갖고 적극적인 대북정책을 모색하던 때였다. 이 통일방안은 현 박근혜정부까지 그대로 이어져 계승되고 있다. 이 방안의 핵심은 남북한 주민이 하나의 민족으로서 민족공동체를 형성하고 이를 바탕으로 1국가 1체제인 정치공동체를 건설하자는 것이다.

김영삼정부 뒤를 이은 김대중정부는 민족공동체 통일방안을 기초로 남북관계 개선을 일차적 목표로 삼고 화해협력정책(일명 햇볕정책)을 추진하고자 했다. 이 정책은 남한이 먼저 선의(善意)를 바탕으로 전향적인 자세를 취함으로써 북한이 스스로 변화하도록 도와주어야 한다는 것이다. 화해협력정책을 바탕으로 2000년에 사상 최초로 남북정상회담이 열렸고 '6.15공동선언'이 채택되었다. 이후 남북한 간 교류와 협력이 대폭적으로 확대되었다. 남북한 통일이 머지않았다는 사회적 분위기가 점차 확산되었다.

노무현정부는 김대중정부의 정책을 계승해 한반도 평화증진과 공동번영 실현을 위한 평화번영정책을 추진하였다. 대화를 통한 문제해결, 상호신뢰 우선과 호혜주의, 남북당사자 원칙에 기초한 국제협력, 국민과 함께하는 통일을 이 정책의 추진원칙으로 삼았다. 이 정책의 시행으로 꾸준히 남북관계가 개선되었다. 이러한 교류·협력의 증진에 힘입어 2007년 남북정상회담이 열리게 되었다. 이 회담에서 '남북관계 발전과 평화번영을 위한 선언'(10.4공동선언)이 발표되었다. 이 선언의 주요 내용은 남북한 체제에 대한 상호존중을 토대로 정치·군사·경제 등 다양한 분야에서 통일을 위한 공동사업을 추진한다는 것이었다.

2008년 출범한 이명박정부는 민족공동체 통일방안을 바탕으로 하여 상생공영정책을 제시했다. 이 정책은 그때까지 시행되어 왔던 정책들을 고려해 남북관계를 실질적 협력관계로 발전시켜 나가자는 것이었다. 이를 위해 실용과 생산성에 기초한 상생공영의 남북관계를 정립하고자 했다. 상생공영정책의 목표는 평화공동체를 만들고, 경제공동체를 형성해 행복공동체를 실현하는 데 있었다. 이 정책의 추진과제로 진정성 있는 남북대화 추진, 한반도 평화정착을 위한 협력 확대, 상생과 호혜의 남북경협 추진, 사회문화 교류의 활성화 그리고 인도적 문제 해결 등을 설정했다.

하지만 북한의 비핵화와 엄격한 상호주의 원칙을 남북교류·협력의 전제조건으로 삼은 상생공영정책은 흡수통일을 염두에 둔 것이라는 북한의 반발에 부딪혔다. 그래서 실질적 남북대화의 첫걸음도 떼지 못한 채 남북관계는 6.25전쟁 이후 최악의 상태라고 할 수 있을 정도로 악화되고 말았다.

현 박근혜정부는 남북한 교류·협력 중심의 화해협력정책과 원칙 중심의 상생공영정책이 북한을 개혁·개방시키는데 별다른 효과를 가져오지 못했다고 평가했다. 또 이 정책들은 북한의 핵무기 개발을 막지 못했다고 하면서, 남북 간 신뢰형성을 기본으로 하는 한반도 신뢰프로세스 통일정책을 제시했다. 이 통일정책은 남북관계를 발전시키는데 있어 가장 중요한 것을 상호 신뢰로 보고 있다. 그리고 이 신뢰는 대화하고 약속을 이행하며, 호혜적 교류·협력을 하는 과정에서 형성된다는 점을 강조하고 있다. 이 한반도 신뢰프로세스의 목표로 남북관계의 발전, 한반도 평화정착, 그리고 통일기반 구축을 들고 있다.

박근혜정부는 한반도 신뢰프로세스를 통해 남북관계의 정상적 발전을 시도하고 있다. 드레스덴구상과 같은 계획을 통해 남북한 간 신뢰를 형성하고 이를 통해 통일의 초석을 놓고자 계획하고 있다. 북한인권문제와 핵문제 해결을 위해 국제사회와의 협력을 강화하고 있다. 또한 통일에 대한 범국민적 공론의 장을 열어 통일의 구체적 청사진을 제시하고자 노력하고 있다. 그럼에도 남북관계는 서로 간에 대화다운 대화 한번 나누지 못하고 여전히 경색되어 있다. 상호신뢰의 정도도 낮은 상태에 머물러 있다.

북한의 도발과 핵개발 등 비정상적 행위로 인해 남북관계 개선이 어렵다는 점은 충분히 이해할 수 있다. 그렇지만 이미 북한은 여러 면에서 남한의 상대가 되지 못한다. 남북관계에서 누가 주도권을 쥐는가와 같은 근시안적 시각에서 벗어나 장기적 안목을 바탕으로 한 통일정책 추진이 요구된다. 남한은 북한에 대해 좀 더 포용적인 자세를 가질 필요가 있다. 북한도 자극적인 대응을 자제하고 열린 자세로 대화에 응해야 한다. 남북한의 진정성 있는 대화의지가 한층 필요한 시점이다.

2. 북한의 통일방안과 통일정책은?

1948년 수립된 북한정권은 지금까지 한반도를 공산화시키겠다는 적화통일방안을 유지해 오고 있다. 이 북한의 통일방안도 국내외적 상황, 정권의 의지 등에 따라 조금씩 변화되어 왔다.

북한은 1960~70년대에 민주기지론을 기본으로 평화통일을 제안하는 동시에 공산혁명을 추구한다는 양면전략을 시도했다. 민주기지론이란 남북한 중 공산혁명의 조건이 성숙된 북한을 먼저 개혁해 이를 바탕으로 한반도의 통일을 이룬다는 것이다. 이와 함께 1960년 김일성은 '8.15 해방 15주년 기념연설'에서 처음으로 남북연방제를 제안했다. 연방제의 내용은 당분간 북한정부와 남한정부의 독자적인 활동을 그대로 보존하면서 두 정부의 대표들로 구성된 최고민족위원회를 조직해 통일논의를 하자는 것이었다.

1980년대에 와서 북한은 기존의 통일방안과 제안들을 정리해 고려민주연방공화국 창립방안(일명 고려민주연방제방안)을 제시했다. 이 방안의 주요 내용에는 자주적 평화통일을 위한 선결조건, 연방제의 구성원칙 그리고 10대 시정방침이 포함되어 있다.

1990년대에 들어 와 북한은 이 고려민주연방제방안을 일부 수정해 제안했다. 1991년 신년사를 통해 1민족 1국가 2제도 2정부에 기초한 고려민주연방공화국을 창설하여 통일을 달성하자는 방안을 발표했다. 이 통일방안에서는 먼저, 통일국가의 형태는 남북 두 지역 정부가 동등하게 참가하는 1민족 1국가 2제도 2정부의 연방국가이며, 제도통일은 후대에 일임한다고 되어 있다. 그리고 통일국가의 성격은 자주, 평화, 비동맹의 독립국가로 규정해 놓고 있다.

이어 북한은 연방제 실현의 전제조건으로 남한에 대해 외세의존 정책 포기, 미군철수 의지 표명, 외국군대와의 합동군사훈련 영구중지, 미국의 핵우산 탈피 등을 제시했다. 그리고 주체사상과 공산주의를 통일이념으로 제안하고, 통일의 주체는 인민이라는 점을 강조했다. 고려민주연방제방안은 과도적 기구를 상정하지 않고 '민족통일 정치협상회의 개최 → 통일방안 협의결정 → 고려민주연방공화국 선포' 라는 과정만을 제시하고 있다. 그리고 통일국가의 기구로 최고민족연방회의, 연방상설위원회를 설치하도록 되어 있다.

북한은 2000년 6.15남북공동선언에서 낮은 단계의 연방제를 제안하였다. 북한은 이 의미를 '1민족 1국가 2제도 2정부의 원칙에 기초하되 남북의 현정부가 정치, 군사, 외교권을 비롯한 현재의 기능과 권한을 그대로 보유한 채 그 위에 민족통일기구를 구성하는 것'이라고 했다. 전체적으로 북한의 통일방안과 통일정책은 '선 남조선 혁명', '후 공산화 통일' 노선을 제안해 추진되어 왔다고 할 수 있다.

북한의 통일방안과 통일정책은 북한식 공산주의 통일을 실현하기 위한 것이다. 북한의 통일방안과 정책이 북한의 입장과 시각만을 반영하고 있고, 또 연방제 실현의 전제조건으로 남한 내 인민민주주의정권 수립, 국가보안법 폐지, 주한미군 철수 등을 주장하고 있다는 점에서 문제가 있다. 김정은체제가 수립된 후에도 변화되지 않고 있어 앞으로 남북한의 통일 논의과정에 심각한 걸림돌로 작용할 것으로 예상된다.

그럼에도 남북한이 만나 서로의 통일정책과 통일방안을 검토해 공통분모를 찾을 수 있도록 상호 양보와 배려가 필요하다고 생각한다.

3. 다문화적 시각과 통일과의 관계는?[1)]

최근 우리 사회를 지배하고 있는 중요한 쟁점 두 가지를 든다면, 하나는 다문화문제이고 다른 하나는 통일문제일 것이다. 1990년대 이래 외국인의 유입이 늘어나고 있다. 2000년대 중반부터 남한사회는 급속히 다문화사회로 진전하고 있다. 행정자치부에서 작성한 '외국인주민통계'에 따르면, 2014년 1월 1일 현재

157만 여명의 외국인이 남한사회에 살고 있는 것으로 나타났다.[2)]

그런데 이러한 다문화라는 용어를 사용하기 전에도 문화적 다양성·다원성과 관련한 논의가 있었다. 주류와 외국인이 함께 살고 있는 사회가 있다고 할 때, 이들 외국인이 가지고 있는 다양한 요소들이 별다른 문제를 일으키지 않고 개인적 차원에서 공존하는 경우, 이 사회를 문화적 다양성의 사회 혹은 다원사회라고 부른다. 이런 다원사회에서는 대체로 공동체 차원의 신념과 가치체계를 공유하기 때문에 다양성이 집단적 갈등으로 이어지지 않는다. 그런데 이러한 다양성 문제가 집단적 정체성과 연결되어 있어 개인적 차원의 해결이 불가능한 구조적·제도적 차원을 가지고 있는 경우 이것은 다문화 개념과 연관되는 것이다.[3)]

얼마 전까지만 해도 통일관련 논의가 이러한 다문화적 개념과는 무관하게 진행되어왔다. 남북한 통일은 분단 이전의 민족공동체를 다시 형성하는 것이라고 생각했다. 통일의 주체는 문화와 전통을 공유해 왔던 남북한 주민이었다. 그런데 최근에 와서 민족공동체에 대한 새로운 시각이 제시되고 있고, 기존 국민만이 아니라 다양한 문화를 가진 집단도 통일의 주체가 되어야 한다는 주장이 설득력을 얻고 있다.

남한이 다문화사회로 진전됨에 따라 다문화주의에 대한 논의가 활발히 이루어지고 있다. 다문화주의는 1970년대 영미권 국가의 소수민족 통합의 주된 원리로 출발했다. 다문화주의는, 한 사회 내에서 주류문화가 소수문화를 동화시켜야 사회통합이 이루어진다는 동화주의에 대한 반성으로 등장했다. 다문화주의는 주류사회가 소수민족의 다양성을 존중하고 이해하며 대등하게 인정하여 사회통합을 이루고자 하는 가치 혹은 태도라 할 수 있다. 대부분의 남한 주민들은 급속한 이주민의 유입으로 나타나는 문제점을 줄이고 해소하기 위해 다문화주의를 활용해야 한다고 생각하고 있다. 여기에서는 이러한 다문화주의를 바탕으로 하는 인정, 이해, 소통 그리고 통합의 관점을 다문화적 시각으로 부르고자 한다.

국가 간 관계는 개인 사이의 관계나 집단 간 관계처럼 단순하지 않다. 하지만 어떤 차원의 관계든 기본은 같다. 서로를 인정해 주고 이해해 주며 소통해야 통합으로 나아갈 수 있다. 남북관계에서도 마찬가지이다. 다문화적 시각을 바탕으로 남북관계를 개선 발전시켜 나감으로써 통일을 위한 초석을 다질 수 있다. 이러한 다문화적 시각을 통일과 관련시켜 살펴보기로 하자.

첫째, 인정의 정치이다. 서로 다른 이념과 제도 하에서 살아온 남북한 사람들의 차이를 인정해야 한다. 1990년을 전후한 사회주의의 몰락은 자본주의와 사회주의 간의 대결에서 자본주의가 이겼음을 의미한다. 사회주의국가인 북한이 생존하기 위해서는 시장경제를 바탕한 국가와 교류할 수밖에 없다. 따라서 남북한 통일도 사회주의적 요소가 일부 포함된 자본주의 시장경제에 기초해 이루어질 것으로 예상된다. 그런데 통일의 과정에서는 서로 인정할 부분은 인정하자는 것이다. 하지만 자본주의식으로의 흡수통일이나 사회주의식의 일방적 통일 주장으로는 공통적 요소를 이끌어낼 수 없다.

이와 함께 남북의 국력 차와 같은 현실적인 측면을 고려할 필요가 있다. 위에서 밝혔듯이, 남한은 이미 북한과의 체제경쟁에서 우위를 점한지 오래되었다. 그래서 사안에 따라 융통성을 발휘할 필요가 있다. 그렇다고 북한의 부도덕한 인권문제나 김정은독재체제를 그대로 인정하자는 것은 아니다. 북한 핵실험이나 도발에 대해서는 단호히 반대하고 응징해야 한다. 하지만 우리에게 조금 손해가 되더라도 안보에 위협이 되지 않는 북한의 제안이나 주장에 대해서는 우리가 어느 정도 인정해 줄 수 있는 아량을 갖는 것이 필요하다.

둘째, 이해의 정치이다. 남북이 가능한 한 서로 알고 이해하려는 노력이 필요하다. 남북한 주민은 쌍방에 대해 얼마나 알고 있을까? 북한은 공산독재국가라 북한주민이 남한에 대해 알고 있는 수준은 아주 낮을 것이다. 그런데 우리도 북한에 대해 실질적으로 알고 있는 것이 그렇게 많지 않은 것 같다.

거의 모든 남한주민은 개성관광과 금강산관광 때 외엔 북한 땅을 밟은 적이 없고 북한주민과 대화할 기회를 갖지 못했다. 남북한간 회담이나 이산가족 상봉 등이 있었지만, 이러한 만남으로 서로를 이해하기에는 턱없이 부족했다. 우리가 북한을 좀 더 객관적으로 이해할 수 있는 방안을 마련할 필요가 있다. 예를 들어, 남북한간 TV 시청 관련 논의를 통해 남북주민이 상호 TV를 시청할 수 있게 하는 방법 같은 것이다. 당연히 북한은 이런 제의를 반대할 것이다. 남한 TV 시청은 곧 북한체제 유지에 심각한 위협을 주기 때문이다. 그렇다면 남한에서 먼저 북한 TV를 자유롭게 시청할 수 있게 하는 것이 하나의 방안이 될 수 있다.

셋째, 소통의 정치이다. 남북한이 서로 인정하고 이해한다고 하더라도 소통하지 않으면 의미가 없다. 남북한 갈등을 부추기고 긴장을 고조시킨 측은 거의가 북한이다. 북한의 도발에는 단호히 대응해야 한다. 하지만 북한이 남한에 대화를 제의해 올 때는 의연하게 받아들일 필요가 있다. 비록 북한의 제의가 남한에 별다른 이익을 가져오지 않더라도 남북한 간에 끈을 유지한다는 의미에서 특별한 경우를 제외하고는 그 제안에 응하면 좋겠다. 개성공단과 같은 남북한 경협이나 남북한 직교역 등이 소통의 좋은 예가 될 수 있다.

소통문제와 관련해 과거사 예를 하나 들어보기로 하자. 임진왜란 직전 조선은 일본과 소통을 적극적으로 하지 않았다. 당시 일본이 조선에게 통신사 파견을 요청했으나 일본의 오만함을 빌미로 통신사를 보내지 않다가 얼마 후 황윤길과 김성일을 일본에 파견했다. 귀국 후 두 통신사의 견해가 상반되어 조선은 일본의 침략에 대한 대비를 거의 하지 못했다. 당파싸움이 주된 원인이었다. 물론 일본의 상황이나 정보를 알았더라도 풍신수길의 패권야욕, 토지획득 욕심, 국내적 불만 해소 등을 위한 전쟁을 막을 수는 없었을 것이다. 하지만 조선이 일본의 의도와 정보를 사전에 파악하고 전쟁에 대비했더라면 그렇게 허망하게 당하지는 않았을 것이다. 상대와 대화하고 소통하면 쌍방 간 심각한 문제는 쉽게 발생하지 않는다.

넷째, 통합의 정치이다. 통일은 과거의 민족국가를 복원한다기보다 새로운 국가를 건설하는 작업이다. 통합은 통일국가를 형성하기 위해 남북한의 경제, 사회, 문화 등 다양한 요소의 조화로운 관계 형성을 의미한다.

1990년의 독일통일은 세 단계의 통합과정을 거쳐 이루어졌다. 첫째, 베를린장벽의 붕괴와 함께 정치적 통합을 완수했다. 둘째, 동독에 대한 투자를 통해 경제적 통합을 이룩했다. 셋째, 동서독 주민이 동등한 민족이라는 의식을 갖게 하는 사회적·심리적 통합을 어느 정도 이루었다. 남북한의 경우에도 이러한 통합을 위한 정책적 노력이 필요하다.

그리고 북한이 경제적 자생력을 갖는데 도움을 줄 필요가 있다. 남한이 경제적 지원을 하면 김정은체제의 생명을 연장시킨다는 일부 주장도 있다. 하지만 경제력 격차의 심화는 통일에 걸림돌로 작용할 수 있다. 남한의 경제규모가 상당히 확대되었지만 재정적자, 노령화, 그리고 장기적 성장동력의 불명확성 등으로 인해 통일이 되더라도 북한에 대해 막대한 지원을 하기가 어렵다. 통일 직후에 북한지역은 산업의 붕괴 그리고 대량 실업자가 발생할 가능성이 높다. 따라서 장기적으로 보아 북한경제의 자생력 향상은 남북한간 격차를 완화시켜 우리의 통일비용을 줄이는데 도움이 된다.

4. 분단국가의 통일사례는?

베트남, 독일, 그리고 예멘 등 분단국가의 통일사례와 관련된 다양한 연구물이 존재한다. 1975년 통일된 베트남, 1990년에 통일을 이룬 독일과 예멘의 사례를 분석해 봄으로써 남북한 통일 준비에 필요한 시사점을 얻을 수 있다고 생각한다.

먼저 베트남 통일사례를 살펴보기로 하자. 19세기 말경부터 프랑스의 식민지였던 베트남은 2차 대전 시기 중 잠시 일본의 지배를 받았다. 1945년 일본의 항복으로 다시 베트남은 프랑스의 식민지가 되었다. 프랑스의 지배에 반대해 민족주의자이자 공산주의자였던 호치민이 하노이에서 베트남민주공화국을 결성해 독립투쟁을 전개했다. 프랑스와 호치민 간 치열한 전쟁이 1954년 제네바 휴전협정으로 종결되었다. 제네바협정에 따라 베트남은 북위 17도선을 기준으로 북쪽의 베트남민주공화국과 남쪽의 베트남공화국으로 분단되었다.

프랑스의 뒤를 이어 월남을 지원한 미국과 월맹이 전쟁을 치렀다. 결국 1973년 파리조약을 통해 미국이 철수하고 1975년 월맹의 호치민이 베트남을 통일했다. 자유민주체제인 월남이 공산주의체제인 월맹에 의해 무력으로 통합되었다.

베트남의 공산화 무력통일은 월남정부의 부정부패, 무능 그리고 정부에 대한 국민의 민심이반 등이 큰 원인으로 작용했다. 베트남 통일사례는 정부의 부정부패와 무능 그리고 소아적 정쟁 등이 얼마나 치명적인 결과를 가져오는지를 잘 보여주고 있다.

다음으로 예멘의 통일사례를 보기로 하자.

1990년 남예멘과 북예멘이 합의를 통해 평화적으로 통일예멘공화국을 건설했다. 북예멘은 16세기부터 터키의 지배하에 있다가 1918년 독립하였다. 남예멘은 영국의 지배를 받다가 1967년 독립을 얻었다. 자본주의체제를 채택한 북예멘은 사회주의체제인 남예멘보다 경제적으로 우월했다. 인구도 남예멘보다 세 배 정도 많았고, 국방력도 남예멘에 비해 우위를 점하고 있었다.

통일되기 전 남북예멘은 서로 자기방식의 통일을 시도하면서 잦은 국경충돌을 겪었다. 같은 민족이 분단된 상태로 전쟁하는 것이 소모적임을 알게 된 두 예멘은 통일을 위해 정치적 결단을 했다. 양국 지도자들이 1 대 1 통일에 합의한 것이다. 남북예멘은 합의에 의해 권력을 거의 대등하게 배분했고 이를 바탕으로 통일을 이루었다. 양국은 정치적으로 대등한 권력배분 방식을 도입했다. 이러한 과정을 거쳐 남북예멘은 1989년 통일헌법을 만들었고 1990년 통일을 성취하였다.

하지만 예멘은 정치적 통일을 달성하는데는 성공했으나 사회적·문화적 통합은 이루지 못했다. 예를 들어, 일부다처제, 여성의 사회참여, 음주허용 문제 등 남북예멘 간 첨예한 문제에 대해 통일 전에 합의를 했어야 했다. 그런데 이러한 문제를 소홀하게 취급해 통일 후 심각한 혼란이 발생했다. 자본주의체제 하에서 엄격한 이슬람 교리를 신조로 삼고 있던 북예멘과 사회주의체제를 채택하면서 비교적 자유분방한 생활을 누렸던 남예멘 간 갈등이 통일 후에도 끊임없이 제기되었다.

이러한 갈등은 주민들 간 불만과 불신을 증폭시켰고 통일예멘 정부에 반대하는 파업이나 시위로 이어졌다. 이와 같은 위기를 극복하기 위해 남북예멘 지도자들이 상당한 노력을 기울였다. 그럼에도 1994년 양 세력 간 무력 충돌이 발생해 내전으로 비화되었다. 내전의 결과 군사력이 강했던 북예멘이 승리해 다시 통일되었다.

예멘의 통일사례에서 얻을 수 있는 시사점은 다음과 같다. 첫째, 두 국가가 서로 양보하면서 권력배분에 합의했다는 점이다. 국력의 차이가 있었음에도 남북예멘은 상호 신뢰를 통해 권력을 적절히 배분해 통일을 달성할 수 있었다. 일반적으로 통일에 가장 걸림돌이 되는 것이 기존 권력자의 처리문제이다. 예멘의 경우, 이 문제를 정치적 합의를 통해 슬기롭게 해결한 점이 돋보인다. 둘째, 정치적 통일도 중요하지만, 못지않게 중요한 것은 사회적·문화적 통합이라는 점을 잘 보여주고 있다. 양 국가의 정치지도자들이 합의해 통일을 이루었다고 하더라도 사회전반의 통합수준이 낮으면 결국 갈등과 분열이 생겨 국가를 위태롭게 한다는 점을 잘 나타내주고 있다.

다음으로 독일의 통일사례를 살펴보기로 하자. 독일통일은 자본주의체제와 사회주의체제를 가진 두 국가가 평화적으로 통일을 이루어졌다는 점에서 예멘통일과 공통점이 있다. 그렇지만 독일통일은 양독 국민의 의사에 따라 통일되었다는 점에서 예멘과 베트남통일과는 다르다. 예멘통일은 정치지도자들 간 합의를 통해서였고 베트남통일은 국민들의 의사와는 상관없이 무력을 통해서였다. 독일의 경우, 동독주민이 투표라는 방식을 통해 서독으로의 편입을 결정했고 서독은 이를 받아들여 통일을 달성할 수 있었다.

독일은 국제질서의 변화를 절묘하게 활용해 통일을 이룰 수 있었다. 독일은 2차 대전을 일으킨 전범국이었기 때문에 독일을 점령한 미국, 소련, 영국, 프랑스가 통일을 반대했다. 하지만 서독은 국력을 바탕으로 한 외교력을 통해 이들 국가의 반대를 찬성으로 돌릴 수 있었다. NATO와 같은 집단안전보장체제를 이용해 다른 국가들의 안보불안을 줄이는 노력을 지속적으로 시도했다.

물론 동서독 간 꾸준한 교류와 협력이 통일을 가져오게 한 가장 중요한 요인이라 할 수 있다. 서독은 1969년 동방정책을 통해 동독과의 교류와 협력을 강화해 나갔다. 1972년 동서독기본조약을 체결해 경제, 사회, 문화, 예술, 스포츠, 학술 등 다양한 분야의 교류를 확대해 나갔다. 이러한 교류와 협력을 통해 동서독 주민 간 이해의 수준을 높여나갔다. 특히 동독주민의 80% 이상이 서독 TV를 볼 수 있었다는 점이 중요하게 작용했다. 이러한 매체를 통해 동독주민은 서독이 자기들보다 더 나은 생활수준을 향유하고 있다는 점을 확인할 수 있었다. 통일의 분위기가 서서히 높아졌을 때 동독주민은 자발적으로 서독을 선택하게 된 것이다.

하지만 동서독 간 교류와 협력이 오랜 기간 지속적으로 이루어졌음에도 통일이 갑자기 이루어졌기 때문에 체계적인 준비가 부족했다. 그래서 통일 후 동독재산권 문제, 동독재건비용, 동서독 주민 간 갈등 등 여러 가지 문제가 발생했다. 한편, 통일이 되면 이전보다 훨씬 풍족한 생활을 할 수 있다고 여겼던 동독주민들은 기대에 미치지 못하는 현실에 대해 불만을 가졌다. 다른 한편, 천문학적인 통일비용을 부담해야 했던 서독주민들은 세금부담 증가, 물가상승 등 부담만 커졌지 자신들에게 돌아오는 이익이 별로 없다는 데에 대해 불만을 나타냈다. 또한 사회적·심리적 차원에서도 상당한 갈등이 존재했다. 서독인은 동독인을 게으른 사람을 의미하는 오시(Ossi)라고 비하하고, 동독인은 서독인을 거만한 사람을 뜻하는 베시(Wessi)라고 경멸하는 상황이 지금도 일부 남아있다고 한다.

통독 25년이 되는 이 시점에서 독일의 통일을 평가해 본다면, 통일이 더 강하고 풍요로운 국가를 만드는데 도움이 되었다고 할 수 있다. 베트남이나 예멘보다 독일이 통일의 시너지효과를 가장 크게 누리고 있다. 지금도 유럽연합에서 가장 강한 국가의 위상을 유지하고 있다.

독일통일을 통해 얻을 수 있는 시사점은 다음과 같다. 첫째로, 교류와 협력이 중요하다. 1970년 첫 동서독 정상회담을 시작으로 7차에 걸친 정상회담이 있었다. 이와 함께 동서독 주민들이 지속적인 교류와 협력을 가졌다. 남북관계에서도 양국 주민들이 서로 교류하고 협력하는 기회가 확대되어야 한다. 이를 위해서는 남북관계의 개선이 중요하다. 둘째로, 동서독의 경우와 마찬가지로, 가능하다면 상호 협력을 통해 경제적 차이를 줄이는 노력이 필요하다. 지금 남북한 간 경제력 차이가 적어도 25배가 넘는다. 경제력 차이가 클수록 더 많은 통일비용을 부담해야 한다. 따라서 남한은 북한이 경제적 자생력을 갖도록 도와줄 필요가 있다. 셋째로, 주변 강대국들이 통일에 대한 거부감을 갖지 않도록 노력해야 한다. 이들이 남북통일을 지지하지는 않더라고 반대는 하지 않게끔 우리의 외교력을 한층 강화할 필요가 있다.

위에서도 살펴보았듯이, 남북한 통일이 언제, 어떠한 방식으로 이루어질지 예측하기 어렵다. 하지만 베트남통일과 같은 무력적 방식의 통일은 남북한 어느 쪽에도 이익이 되지 않는다.

결론적으로 다른 국가의 통일사례의 검토를 통해 다음과 같은 시사점을 얻을 수 있다.

첫째, 통일은 무력적 방식이 아닌 평화적 방식으로 이루어져야 한다. 이를 위해서 남북 간 신뢰를 쌓으면서 관계를 개선해 나갈 필요가 있다.

둘째, 통일을 위한 체계적인 준비가 필요하다. 통일이 언제 어떻게 이루어질지 모르는 상황에서 아무리 잘 대비한다고 해도 완벽한 준비를 할 수는 없다. 그럼에도 통일을 위해 가능한 한 종합적인 대비책을 강구할 필요가 있다.

셋째, 주변 강대국에 대한 외교적 노력이 중요하다. 이들이 통일에 반대하거나 비우호적 시각을 갖지 않도록 꾸준한 외교적 노력이 필요하다. 남한과 가장 우호적인 관계를 맺고 있는 미국조차 통일을 미온적으로 생각하고 있다. 통일을 달성하는데 험난한 과정이 예상된다. 따라서 통일을 위한 꾸준한 외교적 노력을 강화할 필요가 있다.

넷째, 무엇보다 우리의 국력을 강화해야 한다. 동서독 통일은 한마디로 서독의 강한 국력을 바탕으로 이루어졌다고 할 수 있다. 통일이 국력강화의 길이라는 말은 일리가 있다. 하지만 먼저 우리의 국력이 강해져야 통일을 달성할 수 있다.

5. 학교통일교육은 잘 되고 있는가?

학교통일교육(이하 통일교육)은 "자유민주주의에 대한 신념과 민족공동체 의식 및 건전한 안보관을 바탕으로 통일을 이룩하는데 필요한 가치관과 태도를 기르도록 하기 위한 교육"[4)]이다. 통일교육은 통일과정에서 나타나는 문제나 갈등을 줄여 통일을 효과적으로 달성하도록 하기 위한 교육이다. 또한 통일 후 통일국가의 구성원들에게 필요한 가치관·생활태도에 관련된 교육이기도 하다. 이러한 통일교육은 분단 이후부터 지금까지 역대 정부를 거치면서 지속적으로 이루어져 오고 있다.

통일부 통일교육원은 각급 학교에서 통일교육을 체계적으로 실시할 수 있도록 관련기관 및 전문가 그리고 일선 교육현장 등의 의견을 수렴하여 통일교육지침서를 만들어 제공하고 있다. 또한 각종 통일과 북한관련 자료들을 발간해 활용하게 하고 있으며, 통일교육 담당자를 위한 연수나 특강 등을 실시하고 있다. 이러한 것들을 바탕으로 시행되고 있는 통일교육이 지금까지 어느 정도 교육적 효과가 있었다고 생각된다.

그럼에도 학생들의 통일에 대한 관심과 이해도는 그렇게 높지 않은 것 같다. 물론 통일에 대한 관심과 이해도 문제가 전적으로 통일교육에 있다고 할 수는 없다. 하지만 통일교육이 학생들에게 필요하고 또 유용하다는 인식을 심어주는데 한계가 있었음을 부인할 수는 없을 것 같다. 최근까지 시행되고 있는 통일교육에 어떤 문제가 있는지 살펴보기로 하자.

첫째, 통일교육에 대한 학생, 교사, 학부모의 무관심을 들 수 있다. 통일교육은 각급학교의 도덕교과를 중심으로 실시되고 있다. 그런데 우리의 입시위주 교육풍토 하에서 통일교육이 국어, 영어, 수학 등 주요 과목에 비해 소홀히 다루어지고 있음은 당연하다 할 수 있다.

둘째, 통일교육의 방법과 관련된 것이다. 이전과는 달리 최근에 와서 통일교육이 체험학습이나 북한이탈주민을 활용한 수업 등 학생들과 교감할 수 있는 다양한 방법을 통해 이루어지고 있다. 하지만 통일관련 내용의 축소나 수업시수의 감축 등으로 인해 통일교육 수업이 암기식이나 강의식을 벗어나지 못하는 사례가 여전히 남아있다.

셋째, 신문이나 방송의 북한관련 보도에도 문제가 있다. 학교에서는 남북한 교류와 협력을 통해 통일을 달성해 나가야 한다고 학생들에게 교육하고 있다. 그런데 일부 언론에서는 북한을 주로 남한의 안보를 위협하는 존재로 보도하는 경향이 있다. 북한이 경계의 대상이자 통일을 위한 동반자라는 균형적인 시각을 갖도록 하는 보도가 더 늘어날 필요가 있다.

넷째, 북한실상의 이해와 관련된 문제이다. 북한과 관련한 연구물이나 언론보도 등을 통해 북한의 실상을 접할 수 있으나 그것을 객관적으로 이해하는데 한계가 있다. 남한에 북한언론 개방정책 같은 것을 추진해 학생들의 통일에 대한 관심을 높일 필요가 있다. 이를 통해 북한을 보다 객관적으로 이해할 수 있는 통일교육이 실시될 필요가 있다.

다섯째, 통일교육의 일관성 문제이다. 정부의 통일정책 변화에 따라 통일교육의 내용이나 방향이 어느 정도 영향을 받을 수 있다. 그런데 새 정부가 출범할 때마다 통일교육의 시각이나 내용이 바뀌는 것은 문제가 있다. 이는 통일교육 담당자에게 혼란을 주게 되어 적극적인 통일교육을 하기 어렵게 만든다.

마지막으로 남한의 시각을 지나치게 강조하는 측면이 있다. 통일은 남북한이 협력해 이루어야 할 산물이다. 경제력이나 국제환경 등 여러 가지 요소를 감안해 볼 때 통일은 남한이 주도가 되어 달성하는 것이 바람직하다. 하지만 통일은 남북한이 서로 대화를 통해 양보, 협력, 타협하지 않으면 이루어질 수 없다. 그렇다면 남북한이 갖고 있는 장단점을 검토해 서로 설득하고 양보하는 작업이 필요하다. 남한식대로 통일하자는 입장에서 벗어날 필요가 있다.

위에서 통일교육의 문제점을 몇 가지 검토해 보았다. 이제 앞으로 통일교육이 어떻게 이루어져야 보다 큰 효과를 얻을 수 있을지 그 방안을 몇 가지 찾아보기로 하자.

첫째, 정부는 통일이 실질적으로 이루어질 가능성이 있겠구나 하는 믿음을 학생들에게 심어줄 필요가 있다. 남북정상회담이 열렸을 때나 2014년 인천아시안게임 기간에 최룡해 등 북한의 3인방이 예기치 않게 남한을 방문한 경우 등 특별한 사안이 발생할 땐 학생들의 통일과 북한관련 관심도는 상당히 높아진다. 하지만 그러한 특별한 시기를 지나고 나면 다시 관심도는 낮아져 버린다.

박근혜대통령의 통일대박론과 함께 통일관련 정책 발표, 언론의 통일관련 기획보도, 통일준비위원회의 출범 등으로 통일논의가 이전보다 활성화되고 있다는 점은 바람직하다. 하지만 대부분의 논의가 통일을 이루고 나면 장밋빛 통일국가가 탄생되어 부강한 나라가 될 수 있을 것이라는 결과론에 치우쳐 있다. 통일을 어떤 과정을 거쳐 어떻게 이루겠다는 과정의 논의가 빠져있기 때문에 학생들에게 실질적으로 와 닿지 않는다고 생각한다. 남북한 간 신뢰가 구축되고 관계가 개선되어 통일로 갈 수 있겠다는 믿음을 가질 수 있도록 정부정책이 보다 정교하게 추진되어야 한다. 이를 바탕으로 통일교육이 시행될 때 그 효과는 높아질 수 있을 것이다.

둘째, 학생들이 북한의 실제상황을 가능한 한 객관적으로 이해하도록 도와줄 필요가 있다. 정부, 언론, 시민단체 등 북한관련 자료를 제공하는 곳은 많다. 하지만 이들이 제공하는 자료가 실질적으로 객관적인 것인가를 따져보았을 때 논란의 여지가 있다. 과거 통일교육에 이용된 자료들 중 일부는 북한의 상황을 남한에 유리하도록 과장하거나 축소한 사례가 있었다. 그래서 이러한 것으로만 북한실상을 객관적으로 이해할 수 있다고 하기는 어렵다.

우리의 여건상 학생들이 북한 지역을 직접 방문하거나 북한주민을 만날 수는 없다. 그렇다면 지금부터라도 자신감을 갖고 남한은 북한언론 개방과 같은 조치를 취할 필요가 있다. 북한이 어떠한 국가이고 주민들은 무슨 생각을 하고 있으며 어떻게 살고 있는지 등을 가능한 한 객관적으로 이해할 수 있게 하는 과감한 정책적 전환이 필요하다. 북한에 대한 피상적 이해와 인식으로는 통일교육의 효과를 극대화하기 어렵다.

셋째, 토론식 그리고 체험위주 수업의 확대가 필요하다. 통일교육의 방식이 주입식・암기식에서 다양한 참여적・체험적 형태로 많이 변화되었다. 하지만 앞에서 지적했듯이, 전반적인 학교 여건은 효과적인 통일교육을 실시하기에는 미흡한 실정이다. 대체로 학생, 교사, 학부모의 통일교육에 대한 관심도가 낮다. 그리고 학교에서 실시되고 있는 통일교육 내용이 언론매체와 같은 곳에서 제공하는 내용보다 시의성이 떨어진다. 그래서 통일교육을 일반적인 수업방식으로 진행할 경우 학생들의 흥미도는 낮아질 수밖에 없다.

그렇기 때문에 다양한 시청각자료를 찾아 활용한다든가 통일과 북한관련 토론수업을 확대한다든가 혹은 학생들이 체험할 수 있는 프로그램을 개발한다든가 하여 보다 효과적인 통일교육을 실시할 필요가 있다. 예를 들어, 통일교육원이나 연구소 등에서 개발한 영상물이나 북한영화 등을 활용하거나 가능한 범위 내에서 통일전망대나 판문점 등을 견학한다든지 하여 학생들에게 실질적으로 와닿는 수업이 되도록 할 필요가 있다.

넷째, 통일관련 논의를 자유롭게 할 수 있는 사회적 분위기 조성이 필요하다. 통일교육 내용에는 이념문제와 같은 사회적으로 민감한 사항들이 많다. 그러다 보니 통일교육 담당자는 수업시간에 했던 자신의 발언이나 태도에 대해 신경을 쓰고 부담을 느끼게 된다. 경직된 사회적 분위기 하에서는 활발하고 적극적인 통일교육 수업이 이루어지기 어렵다. 따라서 통일과 북한문제를 자유롭게 토론할 수 있는 환경을 만들 필요가 있다.

다섯째, 북한이탈주민의 적극적인 활용이 필요하다, 북한을 탈출해 남한으로 입국하는 사람들의 수가 매년 증가하고 있다. 이들은 북한에서 살다 온 사람들이기 때문에 다른 누구보다 북한의 실제 상황을 잘 알고 있다. 북한이탈주민 가운데 필요한 인재를 선별해 통일교육에 참여시킨다면 상당한 효과를 얻을 수 있을 것이다. 최근에 와서 이들을 활용한 통일교육이 많이 실시되고 있는 것으로 알고 있다. 다만, 지나치게 북한의 단점을 부각시키는 교육이 되지 않게 어느 정도 균형잡힌 수업이 되도록 관심을 기울일 필요가 있다.

학업이나 취업문제 등으로 스트레스를 받고 있는 학생들에게 재미있고 유익한 통일교육을 하는 것은 쉽지 않다. 앞에서도 지적했듯이 학교 현장을 둘러보면 효과적인 통일교육이 이루어지기 어려운 상황을 많이 발견할 수 있다. 하지만 젊은 세대들의 통일에 대한 관심과 의지가 적다면 통일은 더욱 멀어질 수밖에 없다. 정부, 통일교육 담당자, 학생 그리고 학부모 모두가 통일교육의 효과를 극대화할 수 있도록 다각적인 노력을 할 필요가 있다. 특히 통일을 확고히 견인해 나간다는 믿음을 국민에게 줄 수 있는 정부의 의지와 행동이 필요하다.

6. 북한이탈주민 현황과 이들의 남한사회 적응문제는?

1990년대에 가뭄과 홍수 등으로 북한경제가 심각한 위기에 처해지자 북한을 탈출한 북한이탈주민의 수가 점점 늘어났다. 특히 '고난의 행군'시기[5]라고 불리는 이 기간에는 굶어죽지 않기 위해 북한을 탈출한 사람들이 많았다. 2000년대에 와서는 생존을 위해서보다 보다 나은 삶을 찾아 탈북하는 사람들이 많았다. 1990년대에는 남성탈북자들이 여성에 비해 많았으나 최근에 와서 여성탈북자의 수가 남성보다 더 많았고 가족이 함께 탈출하는 사례가 점점 늘어나고 있다.

통일부에서 제시한 통계에 따르면, 북한이탈주민 수는 2002년 1,000명을 넘어서면서 증가하다가 2009년을 정점으로 조금씩 줄어드는 추세이다. 여성 북한이탈주민의 비율도 2002년에 50%를 초과해 늘어나다가 2010년대에 와 70%대를 점하고 있다. 2014년 5월 기준으로 탈북자의 연령별 분포는 30대가 가장 많고 그 다음이 20대, 40대 순으로 나타났다. 북한이탈주민의 직업으로는 무직이 가장 많은 수를 차지했고 노동자가 그 뒤를 이었다.[6)]

북한이탈주민의 출신지역으로는 함경북도 출신이 가장 많았고 다음으로 양강도, 함경남도 등 중국국경과 인접한 지역출신들이 많았다. 북한이탈주민을 위한 지원은 1965년에 제정된 '국가유공자 및 월남귀순자 특별원호법'을 시작으로 1997년 만들어진 '북한이탈주민의 보호 및 정착지원에 관한 법률' 등에 의거해 이루어지고 있다. 그런데 2005년부터 북한이탈주민에 대한 정착지원 제도가 일부 바뀜에 따라 정착을 위한 지원금이 줄어들었다.

이와 같이 북한이탈주민의 대량입국은 한편으로, 북한체제의 위기를 나타내는 증거 역할을 하는가하면 다른 한편으로, 이들의 남한사회 적응문제를 낳고 있다. 특히 탈북청소년들의 남한사회 적응문제가 현안문제로 떠오르고 있다.

탈북청소년들은 대부분 사회적 · 심리적 측면뿐만 아니라 경제적 측면에서 적응의 어려움을 겪고 있다. 이들 가운데 부모와 함께 입국한 청소년들은 비교적 적응도가 높다. 그렇지만 단독 입국이나 친척 등과 남한에 온 청소년들은 상대적으로 적응도가 낮은 편이다.

탈북과정에서 받은 심리적 어려움, 남한의 자본주의적 소비행태를 따라가지 못함에 따라 발생하는 심리적 결핍감, 남북한 간 문화적 차이에 따른 충격, 특히 남한의 경쟁적 교육구도와 취업의 어려움 등으로 인해 적응에 어려움을 겪는 청소년들이 많다. 죽을 고비를 넘기고 남한사회에 왔으나 기대와 현실의 괴리가 너무 크다는 것을 실감하고는 심각한 정신적 혼란을 느끼고 있다. 일부 청소년들은 자신이 북한출신이라는 사실을 숨기면서 살아가고 있다. 북한에서 왔다는 점 때문으로 친구나 동료로부터 소외되거나 따돌림을 받는 사례가 많다고 한다. 따라서 탈북청소년에 대한 지원이 보다 정교하게 이루어질 필요가 있다.

탈북청소년을 위한 정책은 이들이 북한이탈주민이자 청소년이라는 이중적 특성에 맞게 추진되어야 함에도 그렇지 못한 측면이 많다. 2000년대에 와서 이미 탈북해 남한에 정착한 사람들이 자신들의 가족을 데리고 오는 사례가 늘어나고 있다. 이렇게 입국한 청소년들은 대부분 학령기에 속한다고 볼 때, 이들이 남한사회에서 적절한 교육을 받아 주체적으로 살아갈 수 있는 제도와 정책을 마련하는 것이 중요하다. 이 청소년들이 탈북하는 기간의 수업결손이나 학제의 차이 등으로 인해 남한의 일반학교로 바로 입학할 때 여러 가지 적응상 문제가 발생한다. 그래서 일반학교에 진학하기 전 단계로서 탈북 청소년을 위한 한겨레중·고등학교에 입학시켜 일반학교에 잘 적응할 수 있도록 이들을 교육하고 있다.

하지만 탈북청소년들 대부분이 탈북과정에서 학업 공백이나 가족해체, 남한에 입국할 때까지 경험한 심각한 스트레스, 제도나

교육과정의 차이, 정서적 불안 등으로 인해 학교적응에 상당한 어려움을 호소하고 있는 것으로 알려지고 있다. 특히 중도탈락율도 일반학생들보다 상당히 높은 편이다. 따라서 정부는 이들 청소년들이 남한 사회에 잘 적응할 수 있는 다양한 대책을 강구할 필요가 있다. 이들의 남한사회 적응도를 높이는 것은 곧 사회 전체의 건강도를 높이는 것을 의미하기 때문이다.

탈북청소년을 포함한 모든 북한이탈주민이 남한사회에 어떻게 어느 정도 잘 적응하는가가 미래 통일에 상당히 중요하다. 북한이탈주민도 한국의 국민이다. 그래서 이들이 우리 사회에 잘 적응해 스스로 주체적인 생활을 할 수 있도록 정책적 지원과 배려가 필요하다. 우리 사회가 나름의 배려를 하고 있음에도 전반적으로 보아 탈북자들의 생활은 여전히 열악한 상황에 놓여있다. 또한 이들에 대한 남한주민들의 편견이 아직도 많이 남아있다. 우리 사회의 안정과 발전을 위해서라도 이들을 위한 보다 많은 정책적 배려가 필요하다고 생각한다.

미주

1) 이 부분은 성장환, "다문화적 시각으로 통일정책 방향잡기," 「초등도덕교육」 제45집, 2014, pp. 163-182의 내용 중 일부를 수정・보완한 것이다.
2) 행정자치부, 『2014년 지방자치단체 외국인주민현황』, 행정자치부, 2014.
3) 박명규, "다문화주의와 남북관계: 이론적 쟁점과 현실", 「국제이해교육」, 2009, pp. 8-9.
4) 통일교육지원법 제2조의 내용이다.
5) 2010년 통계청 자료에 의하면, 고난의 행군기간 아사자는 대략 40만 명 전후라고 추정하고 있다.
6) 통일부 통일교육원, 2014 통계자료.

제 4 장

북한의 정치와 경제

1. 북한체제의 형성과 특징은?
2. 북한의 권력기구는?
3 북한체제가 망하지 않는 이유는?
4. 북한체제 붕괴나 김정은 사망을 바라는 국가는?
5. 북한의 대외관계는?
6. 북한경제정책의 기본노선은?
7. 북한시장의 형성과 발전과정은?
8. 북한이 개방을 주저하는 이유는?

1. 북한체제의 형성과 특징은?

해방과 함께 북한지역에서는 조만식 중심의 민족 진영, 박헌영 중심의 좌익 공산주의진영, 허가이 중심의 소련파, 그리고 김두봉, 무정 중심의 중국 연안파 등이 정치의 중심부를 차지하고 있었다. 북한을 점령한 소련은 북한지역에 단독정부 수립을 명령한 스탈린의 지시에 따라 북조선 5도인민위원회와 조선공산당 북조선분국을 조직하도록 지원했다. 1946년 2월 소련은 정부역할을 할 북조선임시인민위원회를 설치했다. 1947년 입법기관으로서 북조선인민회의를 만들었다. 1948년 8월 최고인민회의 대의원선거에서 선출된 대의원들이 헌법을 제정하고 소련의 지원을 받은 김일성이 조선민주주의인민공화국 초대 내각수상으로 선출되었다.[1)]

1953년 한국전쟁이 끝난 후 김일성은 자신과 권력투쟁을 하던 소련파와 연안파를 숙청하여 명실상부한 최고 권력자가 되었다. 김일성은 소련의 스탈린격하운동으로 시작된 중소분쟁을 활용하여 자주적 사회주의 국가건설을 외치면서 대외적 자주성을 주장했다. 이어 1950년대 말 생산수단의 국유화작업을 완료했다. 북한 권력구조의 특징은 김일성 독재권력 강화, 중앙집권적 계획경제, 주민감시체제 강화를 통한 사회주의독재체제 구축 등이라고 1972년 북한 사회주의헌법에 규정해 놓고 있다.

1974년 조선노동당 중앙위원회는 김일성의 후계자로 김정일을 추대했다. 1994년 김일성의 사망으로 김정일이 권력을 승계했다. 2011년 김정일의 사망 후 김정은이 권력을 이어받아 김정은체제가 출범했다. 북한의 최고권력기구는 조선노동당이다. 조선노동당을 정점으로 그 아래에 북한 최고 국가기구인 국방위원회, 최고인민회의, 내각 등이 존재한다. 조선노동당은 당 대회를 통해 당 노선을 결정하고 후계자를 공식화한다.

북한체제의 특징을 다음과 같은 몇 가지로 요약할 수 있다.[2)]

첫째, 주체사상을 통치이념으로 한 수령독재체제이며 동시에 조선노동당을 중심으로 한 일당독재체제이다. 북한의 초기 통치이념은 마르크스-레닌주의였으나, 1970년 주체사상이 통치이념으로 추가되었다. 2009년 4월 북한 헌법개정 때 주체사상에 선군정치를 통치이념으로 추가했다. 김일성 사망 후 1998년 김정일체제가 공식적으로 출범한 후에도 김일성은 영원한 수령으로 불리고 있다. 김정은체제 이후에도 수령의 위상은 유지되고 있다.

둘째, 북한체제는 사회주의적 계획경제를 채택하고 있다. 사회주의적 소유란 원칙적으로 생산수단은 국가와 사회협동단체가 가지고 있다는 의미이다. 북한에서도 최근에 와서 제한적이지만 개인소유를 인정하고 있다. 국가배급제가 약화되고 장마당이 활성화되고 있는 상황이다. 임금, 소비제품, 저축 등은 개인이 자유롭게 처분할 수 있으며, 상속도 인정되고 있다. 중앙집권화된 계획경제의 의미는 국가계획위원회가 중심이 되어 전국의 경제계획을 일원화해 추진하는 것을 말한다.

하지만 1990년대 중반의 경제위기 후 2002년 7.1경제관리개선조치(7.1조치)를 통해 배급제를 축소하면서 시장경제적 요소를 일부 도입했다. 그런데 이런 시장경제적 요소의 도입이 중앙집권적 계획경제를 위협한다고 판단한 북한정부는 개인경작지 및 상행위 단속, 종합시장 폐쇄 등 중앙집권적 계획경제체제로 회귀하는 정책을 추진했다. 2009년의 화폐개혁조치도 그 중 하나였다. 그런데 이러한 조치가 효과를 거두지 못했고 오히려 주민들의 빈곤 확대와 주민의 불만을 증대시켰다. 이후 계획경제의 추진속도를 조절할 수 밖에 없었고 이 과정에 시장경제적 요소가 조금씩 확대되고 있는 것 같다. 하지만 시장경제적 요소가 북한사회에 확대되는데는 시간이 걸릴 것으로 예상된다.

셋째, 집단주의적 전체주의 사회이며, 수령을 어버이로 하는 사회주의적 대가정 체제이다. 북한의 이상적 인간은 개인적 목표가치보다 집단적 목표가치를 우선으로 하는 인간이다.

북한에서는 이론상 두 개의 가정이 존재한다. 하나는 일반적 의미의 가정이다. 이것은 어느 국가에서나 볼 수 있는 보통의 가정을 의미한다. 다른 하나는 수령을 어버이로 섬기는 사회주의적 대가정이다. 이 사회주의적 대가정의 구성원인 북한주민은 자녀가 부모를 공경하듯 어버이 수령에 대해 충성과 효성을 다 바쳐야 한다. 이 사회주의적 대가정 체제는 수령과 당 그리고 인민대중의 일체감을 조성하는 가장 확실한 방식으로 알려지고 있다. 하지만 1990년대 중반 고난의 행군기간 이후 북한에서 탈북자가 급증하고 부정부패가 심각해지는 등 체제이완의 증거들이 늘어나고 있다.[3)]

넷째, 강성대국을 목표로 한 선군정치를 주요 통치방식으로 삼고 있다. 강성대국론은 김정일체제의 안정과 강화를 목적으로 주장되었다. 군대를 중심체로 삼는 선군정치를 통해 사상의 강성대국,

군사의 강성대국, 경제의 강성대국을 이룩해 보겠다는 취지로 만들어졌다. 김정일체제의 출범과 함께 등장한 선군정치는 혁명과 건설과정에서 발생하는 모든 문제를 해결하고 군대를 혁명의 기둥으로 내세워 사회주의 위업을 달성하고자 하는 영도방식이다. 김정은시기에 와서도 선군정치를 통해 강성대국을 건설하겠다는 의지를 강하게 내비치고 있다.

2. 북한의 권력기구는?[4)]

국가는 일반적으로 입법, 사법, 행정이라는 삼권분립을 통해 견제와 균형을 유지하고 있다. 북한에도 입법부, 행정부, 사법부가 존재한다. 최고인민회의가 입법부의 기능을 담당하고 있다. 국방위원회와 내각이 행정부의 기능을 하고 있으며, 사법검찰기관이 사법부의 기능을 수행하고 있다. 이러한 권력분립이 되어 있음에도 북한에는 3부 위에 노동당이 존재한다. 노동당은 북한에서 최고의 위상과 권한을 지닌 권력의 원천으로 다른 기관이나 조직보다 상위에 있다. 따라서 국가 내에 권력분립의 원칙이나 견제와 균형의 원칙이 적용되지 않는다.

김정일정권의 출범 이후 이루어진 1998년의 개정헌법에서 김일성시대의 국가주석직이 폐지되었다. 김일성 1인지배권력을 형식적으로 3인에게 배분했다. 입법부의 수장인 최고인민회의 상임위원장이 국가를 대표하는 역할을 맡게 했다. 내각 총리가 정부를 대표하게 했고, 국방위원장은 국방사업 전반을 관장하게 했다. 2009년 개정헌법에서 국방위원장은 북한의 최고영도자이자 국가의 전반적 사업을 지도한다는 조항을 신설해, 국방위원장의 위상을 높혔다. 국방위원장이었던 김정일 사망 이후 국방위원장을 공석으로 두었다. 이어 2012년 헌법개정을 통해 국방위원장의 권한을 그대로 승계한 국방위원회 제1위원장 직제를 신설해 김정은을 제1위원장으로 추대했다.

북한의 권력기구는 크게 노동당, 국방위원회, 최고인민회의, 내각 그리고 사법기관으로 구분된다. 이들 기구에 대해 간략히 살펴보기로 하자.

첫째, 노동당이다. 북한 헌법에는 조선노동당의 영도 아래 모든 활동을 진행한다고 명시되어 있다. 노동당 규약에는 당은 노동계급과 전체 근로대중의 선봉적 조직으로 규정되어 있다. 노동당은 북한 내 모든 조직 가운데 가장 높은 혁명조직이며 3부 행정기관이나 다른 조직을 이끄는 주체임을 밝히고 있다.

그런데 이 노동당은 형식적으로는 다른 모든 조직의 상위에 있지만 실제적으로는 수령중심체제 하에서 수령의 지시를 받는 하급조직이다. 노동당은 수령의 혁명사상을 실현하고 수령의 영도 하에 혁명과 건설을 진행하기 위한 조직이다. 다시 말해, 노동당은 수령과 인민대중을 연결하는 고리로서, 수령이 제시한 정책과 노선을 추진하기 위해 인민대중을 동원하는 역할을 한다. 북한의 노동당은 수령의 영도를 실천하는 조직의 역할을 하고 있기 때문에 최고지도자를 위한, 최고지도자의 사당(私黨)의 성격을 가지고 있다.

둘째, 국방위원회이다. 국방위원회는 국가의 중요정책 수립, 국방건설 사업의 지도, 국방위원장의 명령 및 국방위원회의 결정 지시 집행의 감독, 국방부문의 중앙기관 신설 및 폐지 등의 권한을 가지고 있다. 국방위원회는 1972년의 사회주의헌법에 따라 설치되었으며, 국가주석이 국방위원장을 겸임하도록 했다. 2009년 개정헌법에서 국방위원회는 국가주권의 최고국방 지도기관으로 격상되었다. 김일성시대에는 국가주석이 지도하는 체제였다고 한다면, 김정일시대에는 국방위원장이 전권을 행사하는 체제였다고 할 수 있다.

북한은 2012년에 헌법을 개정하여 김정일을 영원한 국방위원장으로 추대하였다. 그리고 국방위원회 제1위원장직을 신설해 국방위원장의 권한을 승계하도록 했다. 국방위원회 제1위원장은 북한의 최고영도자로서 군사와 관련된 모든 권한을 가지고 있으며 국가산업 전반을 관장한다. 또한 외국과의 중요 조약의 비준 및 폐기를 결정한다.

셋째, 최고인민회의이다. 최고인민회의는 입법권을 가지고 있는 최고주권기관이다. 남한의 국회에 해당하는 조직이다. 하지만 실제로 최고인민회의는 노동당에서 결정한 사항들을 추인하는 역할을 한다. 중국의 입법기구인 전국인민대표대회와 마찬가지로 북한의 최고인민회의 대의원의 임기는 5년이다. 최고인민회의 상임위원회는 최고인민회의 휴회 중의 최고주권기관의 역할을 한다. 최고인민회의 상임위원장은 국가를 대표한다.

넷째, 내각이다. 내각은 최고의 행정집행기관으로서 총리, 부총리, 위원장, 상(相) 등으로 구성되어 있다. 1972년 헌법 개정으로 내각의 명칭이 정무원으로 바뀌었다가 1998년 헌법 개정 때 다시 내각으로 변경되었다. 내각은 국방 분야를 제외한 대부분의 행정 및 경제관련 사업을 담당한다. 내각의 최고책임자는 내각총리이다. 내각총리는 최고인민회의에서 선출되며, 행정부를 대표한다.

마지막으로 사법기관이다. 북한의 사법기관은 검찰기관과 재판기관으로 구분되어 있다. 검찰기관은 사회주의 준법성 확립을 위한 사법 감시와 함께 북한체제 수호를 담당하는 통치기구의 중요한 축이다. 검찰기관은 최고검찰소 아래 도, 시, 군에 검찰소와 특별검찰소를 두고 있다. 북한의 재판기관은 노동당의 사법정책을 집행하는 역할을 한다. 재판기관은 최고재판소 아래 도 재판소와 지방인민재판소 그리고 특별재판소를 두고 있다.

3 북한체제가 망하지 않는 이유는?

북한체제가 망하는 것과 북한이 망하는 것은 다르다. 북한체제의 몰락은 현재의 김정은정권이 어떤 원인에 의해 몰락하고 새로운 정권이 수립되는 것을 의미한다. 이 새 정권이 또 다른 공산주의 일당독재정권이 될지 자유민주체제를 지향하는 정권이 될지는 아무도 알 수 없다. 북한의 개혁과 개방수준 또는 주민의 의식수준이나 민주화를 위한 조직수준 등에 따라 어떤 정권이 탄생할지 결정될 것이다. 또한 주변 강대국을 포함한 국제사회의 영향력도 새로운 북한정권 탄생에 상당히 중요하게 작용할 것이다.

북한이 망한다는 것은 북한이라는 국가 자체가 이 지구상에서 사라짐을 의미한다. 물론 북한이 망한다는 의미에는 북한에 현 일당독재체제를 대신하는 새로운 체제가 탄생해 개혁과 개방을 이끄는 과정이 포함된다. 이 과정을 거쳐 북한이 새로운 국가로 바뀌거나 남한과 통일되어 북한이라는 나라가 없어지는 것을 뜻한다.

여기에서는 북한체제의 존망에 초점을 맞추어 왜 현재의 김정은체제가 망하지 않는지 그 이유를 몇 가지 살펴보기로 한다.

첫째, 북한 지도층의 김정은에 대한 충성심을 들 수 있다. 북한 지도층이란 주로 고위 당관료, 상층부 군인, 고급 행정관료 등을 말한다. 이들은 김정은체제를 지탱하는 가장 중요한 계층이다. 이들이 만약 김정은체제에 반기를 들어 쿠데타를 감행한다면 김정은체제는 일시에 무너지고 만다. 그런데 이 충복들이 김정은체제 전복을 원치 않는데 문제가 있다. 이들이 쿠데타를 일으켰을 때 얻을 수 있는 이득이 지금까지 누려오고 있는 기득권보다 크지 않다고 판단하고 있기 때문이다. 지도층은 북한사회에 널리 퍼져있는 부정부패를 알면서도 바로잡으려 하지 않는다. 이러한 부정부패를 이용하여 자신들의 욕구를 채울 수 있기 때문이다. 따라서 북한 지도층이 김정은정권을 좋아하든 싫어하든 당분간 이들이 김 정권에 대해 반기를 들 가능성은 적다고 할 수 있다.

둘째, 군대와 경찰 등을 통한 철저한 통제체제와 그에 따른 최면상태의 지속이다. 북한을 이탈한 탈북자가 증가하고 북한 내 부정부패가 늘어나고 있지만 여전히 북한주민은 철저한 통제체제 하에서 살고 있다. 북한은 언론자유는 물론이고 여행의 자유나 거주 이전의 자유가 없는 폐쇄적인 국가이다. 강력한 통제와 공포라는 억압기제로 주민의 자유의지를 말살하고 스스로 복종하게 만드는 상황은, 마치 '대형(大兄)을 위해 사는 것이 행복'이라는 오웰의 소설 '1984년'의 상황과 유사하다.

보통의 국가들에는 정부정책에 대한 건전한 비판세력으로서 국가 발전의 한 축을 형성하고 있는 시민사회가 존재한다. 그런데 북한에는 시민사회 자체가 존재하지 않는다. 따라서 2004년 오렌지혁명[5])을 통한 우크라이나의 평화적 정권교체나 2010년에 일어난 튀니지의 독재정권을 붕괴시킨 재스민혁명[6]) 등과 같은 일종의 시민혁명이 일어날 수 없는 상황이라 할 수 있다.

김정은체제 출범 이후에도 군부, 당, 경찰 등 주요 조직들이 이전 정권에서와 마찬가지로 안정적으로 유지되고 있는 것 같다. 북한의 세습체제가 다른 국가에서 볼 때는 비합리적인 것이다. 하지만 북한이라는 특수한 나라의 전통으로 생각하는 북한주민들은 이를 합리적으로 받아들이고 있다. 그래서 김정은체제가 성립한 이후에 장성택 처형과 같은 특별한 사건이 있었지만 이를 제외하고 현체제에 대해 조직적 불만이나 행동이 드러난 적이 없었던 것 같다. 또한 김일성수령이 북한의 독립과 발전을 이룩한 위대한 인물이라는 점을 지속적으로 선전함으로써 김정은에게까지 그 후광효과가 계속 미치고 있다고 생각된다.

셋째, 북한사회의 독특한 역사적 경험을 들 수 있다. 북한은 1980년대 중반에 와서 사회주의 계획경제의 비효율성과 일인독재체제의 문제점 등으로 경제적 어려움이 심화되었다. 1990년대 탈냉전 시기의 도래로 사회주의국가들이 자본주의경제체제를 받아들이면서 북한은 국제사회에서 점점 고립되었다. 특히 1990년대 중반 고난의 행군 기간에는 굶어죽는 자와 탈북하는 자가 속출했다. 배급제가 거의 마비상태에 이르렀고 주민들 스스로 호구책을 마련해야 했다. 지금도 북한 내 대부분의 산은 민둥산이다. 많은 주민들은 산과 들을 헤매면서 나무껍질과 같은, 먹을 수 있는 것이라면 무엇이든 다 찾아 먹을 수밖에 없었다. 또한 겨울 추위를 견디기 위해 산에 있던 나무를 잘라 와야 했다.

당시 이러한 심각한 경제위기로 북한체제가 붕괴할 수도 있겠다는 예상을 했다. 하지만 북한 자체가 가지고 있는 끈질긴 생명력으로 체제붕괴의 고비를 넘겼다. 1993년 불거진 북핵문제로 인해 북한은 미국을 비롯한 국제사회로부터 크고 작은 압력을 받았으나 지금까지 어려운 난관을 견디고 있다. 따라서 국제사회의 압력이나 국제사회로부터의 고립에도 불구하고 북한체제는 살아남을 가능성이 크다고 할 수 있다.

넷째, 북한에 대한 중국의 태도를 들 수 있다. 앞에서 살펴보았듯이, 김정은의 장성택 숙청, 북핵실험 등으로 중국은 북한에 대해 이전보다 비우호적 입장을 보이고 있다. 김정은체제가 출범한 이후 한 번도 김정은이 중국을 방문하지 못했다. 더구나 시진핑 중국국가주석이 2014년 7월 북한보다 남한을 먼저 방문해 박근혜대통령과 정상회담을 했다. 이러한 상황은 중국과 북한은 전통적인 혈맹관계인데도 중국이 북한을 이전과는 다른 시각으로 보고 있다는 것을 나타내고 있다. 3차에 걸친 북한의 핵실험과 미사일 발사, 친중

파였던 장성택의 숙청, G2로 부상한 중국의 국제사회에서 책임의식 등으로 인해 중국의 대북한 시각이 달라지고 있는 것 같다.

하지만 대북한 시각이 바뀌어 중국이 북한을 버릴 수 있을까? 앞에서도 언급한 바와 같이, 결론은 중국이 북한을 포기할 수 없다는 것이다. 그 이유는 다음과 같다.

북한의 전략적 가치가 대단하기 때문이다. 중국의 거대도시는 대부분 중국의 동해, 즉 한반도의 서해쪽에 위치해 있다. 냉전시기부터 지금까지 중국의 서해는 미국을 중심으로 남한, 일본, 대만과 경쟁하고 있다. 달리 말하면 미국의 대중국 견제를 완화시켜주는 역할을 북한이 하고 있다. 만약 남북통일이 되어 북한의 존재가 없어지거나 북한에 친미정권이 수립된다면 이는 중국의 국익에 상당한 손해를 끼치게 된다.

북한의 인권문제나 북핵문제 등으로 국제사회에서 북한에 대한 제재가 있을 때 중국은 국제사회의 대국으로서 위상 때문에 찬성하기도 한다. 하지만 북한체제가 심각한 위기를 맞게 되는 결정적 시기에는 중국은 북한에 대해 우호적 입장을 거두지는 않을 것이다. 연평도 피격사건 이후 남한은 미국과의 동맹을 견고히 하고자 했다. 중국은 이러한 시도에 대해 미국이 동북아시아에 신냉전 구도를 발생시킨다고 생각한다. 따라서 중국은 북한의 태도나 행위가 거슬리더라도 북한을 버리지는 않을 것으로 예상할 수 있다.

결론적으로 김정은체제는 국제사회에서 왕따 국가, 인권탄압 국가로 낙인찍히고 지금보다 더 심각한 경제위기에 처하더라도 쉽게 몰락하지 않을 것 같다.

4. 북한체제 붕괴나 김정은 사망을 바라는 국가는?

1948년 북한정권이 수립된 이래 김일성-김정일-김정은 3대체제가 이어지고 있다. 북한에서는 김정일이 백두산에서 태어났다고 선전[7]하고 있다. 김정일의 아들인 김정은은 백두산 정기를 받은, 다른 사람들보다 우월한 혈통을 가지고 태어났다고 주장한다. 이 의미는 백두혈통을 계승하지 않은 자는 북한의 통치자로 인정받을 수 없다는 뜻이다.

북한이 다른 국가와 다른 가장 큰 특징 중 하나가 3대 세습체제이다. 김정일은 1974년 당중앙위원회 정치위원으로 선출되면서 김일성의 후계자가 되었다. 이후 1994년 김일성 사망 때까지 김일성과 김정일이 공동으로 북한을 통치했다고 할 수 있다. 김정일은 2008년 건강이상으로 문제가 되자 2009년 1월 김정은을 후계자로 내정했다. 2011년 12월 김정일 사후 김정은은 북한의 최고권력을 이어받아 북한을 이끌어가고 있다.

만약 김정은이 사망한다면 북한은 어떻게 될까? 김정은의 형이나 동생 등이 대권을 물려받을 가능성은 있다. 그렇지만 김정은 사망은 북한을 심각한 혼란과 혼돈상태로 빠지게 할 가능성이 크다. 김정은의 사망이 곧 남북통일로 이어질 수 있을지 가늠하기 어렵다. 이에 대한 대비가 없다면 한반도는 걷잡을 수 없는 혼란상태에 빠질 가능성이 있다. 김정은의 유고로 북한이 혼란상태에 빠진다면 어떤 상황이 발생할까?

첫째, 북한 핵무기 처리 문제로 미국과 중국 혹은 한반도를 둘러싼 주변 4강이 비밀협상을 통해 북한으로 들어갈 가능성이 있다. 네 국가 모두 북한지역의 핵무기 존재를 반대하기 때문에 북한 핵무기 처리를 위한 논의가 긴급하게 이루어질 수 있다.

둘째, 김정은 사망은 중국의 북한에 대한 개입 명분을 줄 수 있다. 북한 내 중국인과 중국자산을 보호하기 위해 중국이 북한으로 들어갈 가능성이 있다. 그렇다고 북한지역 모두를 중국이 차지하기는 어려울 것이다.

셋째, 남한과 미국이 북한으로 진입할 가능성이 있다. 남한의 헌법 제3조에 “대한민국의 영토는 한반도와 그 부속도서로 한다.”라고 명시되어 있기 때문에 북한이라는 우리 영토에 우리가 들어가는 것은 당연한 것이다. 또한 미국은 동맹국으로서 남한과 함께 북한으로 들어갈 수도 있을 것이다.

넷째, 북한 내 지도층 간에 갈등과 경쟁을 겪다가 새로운 지도체제가 수립될 가능성이 있다. 그 정권이 김정은체제를 계승하는 새로운 독재정권이 될지 민주정권이 될지는 알 수 없다. 하지만 새 정권이 수립된다 하더라도 상당한 혼란을 피할 수 없을 것이다.

다섯째, 북한지도층에 대한 북한주민의 혁명이 일어날 가능성이 있다. 현 북한체제에서는 주민의 혁명 가능성이 아주 낮지만 최고지도자 김정은의 사망으로 민중혁명이 일어날 수 있다. 이러한 혁명이 발생할 경우 급작스런 남북통일이 이루어질 수 있다. 독일통일과 같은 남한 주도의 흡수통일이 이루어질 가능성이 있다.

위 다섯 가지 가정은 김정은의 사망을 전제로 한 것이다. 얼마 전 건강이상설이 있었지만 30대 초반의 김정은이 사망할 가능성은 낮다. 2014년 장성택이 숙청당한 후 김정은체제의 안정성이 더 높아졌고 또 당분간 김정은체제를 와해시킬 인사나 조직이 없을 것이라 여겨진다. 이러한 측면을 고려해 볼 때 김정은체제는 미국을 비롯한 서방의 압박에도 불구하고 상당 기간 유지될 것으로 판단된다.

어쩌면 남한을 포함해 주변 4강은 겉으로는 김정은체제의 몰락이나 김정은의 사망을 원하는 것 같으나 실질적으로는 원하지 않을 수 있다. 갑작스런 북한정권 붕괴는 남한에도 큰 부담이 된다. 준비되지 않은 상태의 통일은 남한 내 정치, 경제, 사회 등 다방면에 걸쳐 혼란을 발생시킨다. 휴전선이 무너져 수많은 북한주민이 남한으로 유입될 때 남한에 어떠한 상황이 발생될 지 예상하기 어렵다.

미국을 포함한 4강의 입장도 크게 다르지 않을 것이다. 네 국가의 한반도정책에서 살펴보았듯이, 이들 나라는 한반도 통일을 달갑게 생각하지 않고 있다. 급작스런 북한체제의 와해나 김정은 사망으로 한반도의 불안정성이 높아지는 것을 원치 않을 것이다. 이들은 북한의 개방과 개혁을 원하지만 한반도가 미국이나 중국, 어느 한 쪽으로 쏠리는 것을 바라지 않는다. 그래서 북핵문제에 대해 대화를 통해 해결하고 북한 일당독재체제를 평화적 방법으로 자유민주체제로 이행시키는 것이 이해 당사국들의 실질적 속내가 아닐까 생각한다.

5. 북한의 대외관계는?

북한의 외교정책은 한마디로 주체사상을 기본으로 하는 자주외교 노선을 지향하고 있다. 북한이 자주노선을 주장하게 된 것은 중소분쟁으로 어느 한 국가의 편을 들 수 없는 상황에 처해졌을 때였다. 자주외교 노선은 국가 간 상호존중, 평등, 내정불간섭 등을 주요 내용으로 하고 있다. 이 노선은 중국과 소련 가운데 어느 한 나라에 치우치지 않고 중립적 위치를 유지할 수 있기 때문에 현실적으로 유용한 외교정책 노선이었다. 냉전시기 북한이 제3세계나 비동맹국가와 외교관계를 맺을 때 이 주체적 자주노선이 상당한 역할을 했다. 이 당시 북한은 남한과의 외교적 경쟁을 치열하게 전개했다. 북한은 이 자주노선을 활용해 많은 제3세계국가들과 외교관계를 맺었다.

냉전체제가 해체되자 소련, 동독 등 사회주의권의 몰락으로 국제상황은 북한에 불리하게 전개되었다. 중국, 쿠바 등 몇 개의 국가를 제외하고 북한과 긴밀한 관계를 맺은 국가가 없었다. 1990년대 중반 김일성 사망과 경제위기로 인해 국내외적으로 어려운 상황을 맞게 되었다. 다른 사회주의권 국가들도 마찬가지였지만 북한은 사회주의진영의 자본주의국가로의 변신을 목격한 후, 국내적 위기와 국제적 고립을 극복하기 위해 미국과 일본 등과의 관계 개선을 위해 노력하였다.

북한도 자본주의 시장경제체제가 세계적 추세임을 알고 있을 것이다. 하지만 이를 대폭 도입한다는 것은 북한체제를 위협한다고 인식하고 있다. 그래서 이를 사회주의적 계획경제를 보완하는 선으로 제한하고 있다. 고르바초프의 개혁·개방정책이 소련을 와해시켰던 예에서 보듯, 적극적인 개혁·개방은 북한체제의 생존을 담보할 수 없다고 판단해 중국과 러시아 등 전통적 우방과 긴밀한 관계를 유지하고 있다. 또한 소말리아, 잠비아, 앙골라, 콜롬비아, 도미니카 등 제3세계 국가들과의 비동맹외교를 유지하고 있다.

북한은 특히 중국과 러시아와의 관계를 중시하고 있다. 여기에서 북한의 대중국, 대러시아 외교관계의 변화에 대해 간략히 살펴보기로 한다.

먼저, 북·중관계를 보자. 북한은 한국전쟁 과정에 중국과 혈맹관계를 맺고 최근까지 동맹관계를 유지해 왔다. 탈냉전과 함께 소련이 몰락하자 중국은 북한의 유일한 후견국가로 남았다. 그런데 탈냉전은 이념보다 실리를 중시하는 틀이다. 중국은 북한의 바람과는 달리 한반도문제에 대해 경제적 실리를 기준으로 접근하면서 1992년 남한과 외교관계를 맺었다. 한·중수교가 북·중관계 악화의 가장 큰 원인으로 작용했다. 이를 계기로 북한은 중국을 신뢰할 수 없는 국가로 간주하고 있다.

그렇지만 북한은 체제생존을 위해서 중국의 지원과 도움이 절실했고, 중국에게도 북한은 여전히 버리기에는 아까운 존재였다. 2000년, 2001년 김정일의 중국방문과 2001년 장쩌민의 북한방문 등이 이어져 북·중관계는 정상화되었다. 그런데 얼마 전부터 핵개발과 핵실험, 인권문제 등으로 북한이 국제적 고립을 자초하면서 북·중관계가 삐걱거리고 있다. 중국은 동북아지역의 패권을 놓고 미국과 경쟁하고 있음에도 북핵문제에 있어서는 미국과 한목소리를 내고 있다. 심지어 중국 내에 일부 인사들이 이제는 북한을 버릴 수도 있다는 주장도 제기하고 있다.

그럼에도 중국은 북한을 버리지 않을 것이라는 것이 대체적인 시각이다. 한미동맹, 미일동맹이 여전히 유지되고 있다. 또한 미국의 대중견제 정책이 강화되고 있는 상황에서 북한을 버리는 것은 중국의 국익에 배치된다고 판단하고 있기 때문이다.

다음으로 북한과 러시아와의 관계를 살펴보자. 한국전쟁 이전까지 소련은 북한에 절대적 영향력을 행사했다. 한국전쟁 이후에 중국이 러시아의 자리를 대신했다. 1990년 남한과 소련이 수교한 직후인 1991년 소련이 해체되었다. 이러한 상황변화는 북・러관계를 소원하게 만들었고, 양국 간 교류와 협력을 줄어들게 했다. 이후 2000년 푸틴 러시아대통령의 북한방문과 2001년 김정일의 러시아 방문 등으로 북・러관계는 상당히 긴밀해졌다.

특히 최근 북・중관계가 소원해지자 북한은 체제 유지와 외교적 고립을 탈피할 목적으로 러시아와 경제협력 관계를 강화하고 있다. 최근 우크라이나사태로 인해 러시아는 미국과 유럽연합 등 서방국들로부터 경제제재를 받고 있다. 러시아가 어려울 때 북한이 러시아를 지지하고 있으므로 북한과 러시아는 당분간 좋은 관계를 유지하리라 예상된다.

이와 같이 북한은 전통적 우방이었던 중국과 러시아와 우호적 관계를 유지하기 위해 동분서주하고 있다. 또한 북한은 핵개발을 통해 미국과의 직접협상을 이끌어내어 체제안전을 보장받고자 노력하고 있다. 이에 더하여 북한은 유럽연합 등 서방국들과의 관계 증진을 통해 경제지원과 기술도입을 추진하고 있다.

평양에 존재하는 외국 대사관은 북한과 그 당사국 간 외교관계의 상징이다. 외교부에서 발간한 2014 외교백서에 의하면 2013년 12월을 기준으로 남한은 190개국과 수교하고 있다. 북한은 162개국과 외교관계를 맺고 있으며, 남북한 동시수교국은 159개국으로 되어 있다.[8)] 하지만 북한과 수교하는 대다수 국가들은 겸임대사제를 운용하고 있기 때문에 평양에 상주공관을 두지 않는다. 어떤 국가의 대사는 1년에 한두 차례 정도 북한을 방문하는 경우도 있다고 한다.[9)]

6. 북한경제정책의 기본노선은?

경제체제는 생산수단을 누가 소유하느냐에 따라 두 체제로 구분된다. 하나는 개인이 생산수단을 소유하는 자본주의 경제체제이고 다른 하나는 국가가 생산수단을 갖는 사회주의 경제체제이다. 북한경제체제는 기본적으로 국가나 협동농장이 생산수단을 소유하고 국가가 모든 생산물을 계획적으로 운용하는 사회주의 경제체제이다. 1990년대 중반 이후 물자의 부족으로 배급제가 제대로 작동하지 않게 되자 북한은 장마당 같은 시장경제 요소를 일부 도입했다. 하지만 북한은 아직도 지구상에서 사회주의 경제체제 요소를 가장 많이 유지하고 있는 국가라 할 수 있다.

이러한 북한경제체제가 어떠한 기본노선을 추진하고 있는지 살펴보기로 하자.

첫째, 자립적 민족경제 건설이라는 원칙하에 중공업 우선정책을 시행하였다. 북한의 중공업정책은 정치, 경제 등 여러 분야의 자립을 위한 기본노선이었고 경제를 급속하게 성장・확대시키기 위한 정책이었다. 북한은 중공업 육성정책을 시행함과 동시에 경공업과 농업 등을 발전시키고자 했다. 하지만 실제적으로는 생산력 증대를 위한 중공업 분야에 더 큰 비중을 두는 바람에 경공업과 농업 등이 위축될 수밖에 없었다.

북한은 1962년 전국토의 요새화, 전인민의 무장화, 전군의 간부화, 그리고 전군의 현대화를 기본으로 한 4대 군사노선을 발표했다. 이어 1966년 국방・경제 병행정책을 통해 군사력 증강과 군비 확대를 강화했다. 북한이 소련이나 중국으로부터 경제적 자립뿐만 아니라 정치적 자립을 얻기 위한 노력의 일환이었다. 하지만 중공업에 집중적인 투자를 했음에도 그 성과는 형편없었다. 그것은 북한이라는 좁은 국내시장에 비해 투자가 과도했을 뿐만 아니라 군수산업과 민간산업과의 연계가 부족했기 때문이다.[10)]

이러한 경제문제를 해결하기 위해 북한은 자립적 민족경제 노선을 일부 수정했다. 서구 자본주의국가들로부터 차관과 선진기술을 도입하고자 했으며, 1980년대에는 합영법을 제정해 외국인들에게 투자유치를 권장했다. 1990년에 와서 냉전체제가 해체되고 사회주의 경제권이 대부분 붕괴되었다. 정신적・물질적 지주였던 소련이 해체되자 북한은 자본주의 경제권과의 관계를 확대할 필요가 있었다. 1991년에 나진·선봉 경제특구를 설치하고 외국자본과의 합작 및 직접투자를 추진하기 시작했다. 1990년대 중반부터는 제한적이었지만 남한 기업의 투자를 허용했다. 2000년대에 들어서면서 북한은 자립형 민족경제 건설정책에서 국제분업 질서를 인정하는 개방형 자력갱생정책으로의 변화를 보이기 시작했다.[11] 김정은정권에 들어와서도 경제난을 극복하기 위해 경제특구를 확대하면서 대외적 경제개방을 추진하고 있다.

하지만 이러한 북한의 대외적 경제개방 추진은 원칙적으로 북한체제 유지를 위협하지 않는 수준에 머물고 있다. 북한은 자립적 민족경제 건설을 바탕으로 제한적으로 대외개방정책을 추진하고 있다.

둘째, 군사·경제 병진노선(일명 선군경제건설) 추진을 들 수 있다. 남한과 체제경쟁을 해야 했던 북한은 군사·경제 병진노선을 채택해 추진했다. 이 정책의 시행으로 북한 예산에서 차지하는 군사비 비율이 대폭 증가되었다. 이 노선은 김정은정권에 와서도 북한의 기본 정책기조가 되고 있다.

그런데 1960년대 중반부터 추진된 군사·경제 병진노선은 북한경제에 많은 문제점을 가져왔다. 첫째로, 북한의 산업이 군수산업과 민간산업 간의 구별을 어렵게 만드는 군산복합형으로 바뀌었다. 둘째로, 군수산업에 막대한 투자를 하다 보니 민생경제 부문을 위축시키는 문제가 발생했다. 셋째로, 북한 경제 내에 군 경제라는 독자적인 경제영역이 생겨나 1990년대 이후 군 경제가 북한 전체 경제에서 차지하는 비중이 과도하게 커지는 문제가 발생하고

있다.[12)]

이와 같이 군사·경제 병진노선은 북한경제에 부정적인 영향을 미쳐왔다. 그럼에도 1998년 김정일정권은 이 노선을 선군경제건설 노선이라고 명칭을 바꾸어 추진했다. 김정은정권이 들어선 이후에도 이 기조를 계속 유지하고 있다. 북한이 선군경제건설 노선을 완화해 민간산업에 대한 투자를 확대하지 않는다면 북한의 경제난은 상당기간 극복되기 어렵다고 생각된다.

셋째, 국방공업 우선발전 노선이다. 북한은 자립적 민족경제건설을 위한 중공업 우선정책 기조와 선군경제건설 기조로 경제성장을 도모해 왔다. 하지만 1990년대 경제난을 겪으면서 북한체제의 마지막 보루로 삼고 있는 국방공업(군수산업)도 위기에 처할 가능성이 있었다. 이런 상황에서 김정일정권은 선군경제건설 노선을 내세워 국방공업부문에 우선적으로 투자하는 국방공업 우선발전 정책을 추진했다. 경제난 이후 그나마 유지되고 있던 국방공업 부문을 경제회복의 토대로 삼아야 북한의 기존 경제구조가 존속할 뿐만 아니라 다른 부문들도 회복될 수 있다고 주장했다.[13)]

하지만 국방공업 우선발전 노선은 이전의 중공업 우선정책을 변형시킨 것과 별 차이가 없었기 때문에 민간경제 부문의 어려움을 더욱 악화시켰다. 이 여파로 1980년대에는 생필품 부족현상이 점점 심화되었다. 1990년대 후반에 와서는 군수산업 및 이와 연관된 과학기술 부문에 집중적으로 투자했다. 그러자 민간경제 부문은 더욱 열악한 상황에 처하게 된 반면, 국방공업 부문은 장거리 미사일 개발, 핵능력 강화를 지속해 나갈 수 있을 정도로 발전되어 있는 왜

곡된 구조를 가지게 되었다. 국방공업 우선 발전정책 기조는 김정은정권에서도 계속 강조되고 있다. 김정은정권은 선군경제건설 노선의 유지라는 큰 틀 내에서 민간경제의 활성화를 도모하고자 한다. 하지만 국방공업 우선 발전정책 기조가 수정되지 않고서는 민생경제 부문의 정상화는 어려울 것으로 전망된다.[14)]

7. 북한시장의 형성과 발전과정은?

북한은 소련과 중국의 영향을 받아 사회주의적 계획경제체제를 유지해 왔다. 하지만 계획경제체제가 완벽하게 작동할 수 없기 때문에 시장경제 요소를 일부 도입해 왔다. 그래서 계획경제체제 내에서 농민시장이라는 형태를 제한적으로 인정해 오고 있었다. 농민시장은 장마당의 초기 형태로 볼 수 있다. 북한은 한국전쟁 이후 계획경제를 위한 협동화 사업을 진행하여 배급제를 기본으로 하는 한편, 1958년 모든 생필품을 국영상점에서 판매하도록 했다. 하지만 농민이 경작한 농산물을 판매하는 농민시장은 국영상점을 보충해 주는 역할을 해 주었기 때문에 제한적으로 인정되었다.

1970년대 말에 와서 농산물과 생필품이 부족해지자 농민시장이 이전보다 활성화되기 시작했다.[15)] 1990년대 중반에 심각한 경제위기를 겪자 국가배급체계가 원활하게 작동하지 못하게 되었다. 그러자 남한의 시장과 유사한 장마당이 생겨났다. 주민들은 생필품과 농산물을 시장에서 구하기 시작했고 이와 함께 도시와 농촌지역에 새로운 장마당이 생겨나기 시작했다. 2002년 7.1경제관리개선조치를 통해 농민시장이 공산품 거래를 함께 허용하는 종합시장으로 개편되었다. 남한의 산업통상자원부에 따르면, 2013년에 북한 장마당은 380여개가 있는 것으로 알려지고 있다. 대부분의 장마당에는 전기제품에서 생필품까지 어지간한 물품은 다 있다고 한다.

현재 북한의 배급체계가 상당부분 무너져 버렸기 때문에 가정에서 직접 가계를 꾸려나갈 수밖에 없는 상황에 처해져 있다고 한다. 그래서 북한정부는 일부 배급체계를 유지하면서 장마당같은 시장경제 요소를 도입해 경제적 문제를 해결하고 있다. 자본주의적 시장경제가 집단주의적 주민의식을 변화시켜 북한체제를 위협할 수 있음을 북한정부는 알고 있다. 그럼에도 이를 인정할 수밖에 없는 상황에 처해진 것으로 알려지고 있다. 따라서 북한은 자본주의적 시장경제 요소가 확산되지 않도록 정부차원에서 이를 적절히 관리하고 있다.

이러한 북한상황은 공산당 일당지배체제를 유지하면서 시장경제적 요소를 도입하고 있는 베트남이나 중국과는 다른 양상을 보여주고 있다. 중국이나 베트남식 개방정책을 추진하기에는 북한체제의 능력이 약하기 때문이다. 북한의 경제상황이 앞으로 북한체제에 어떠한 영향을 얼마만큼 줄 수 있을지 가늠하기 어렵다. 하지만 시장경제에 내포된 사적 소유욕구 및 경제적 자유추구 의식 등은 북한주민들에게 알게 모르게 영향을 주고 있다. 시장경제적 요소가 북한사회를 변화시키는데 큰 역할을 할 수 있기를 기대한다.

8. 북한이 개방을 주저하는 이유는?

1990년대 이후 북한은 대내적으로 심각한 경제적 어려움을 겪고 있다. 대외적으로는 국제사회로부터 정상적 국가의 일원으로 합류하도록 압력을 받고 있다. 북한이 핵개발을 포기하고 개방한다면 남한을 비롯한 많은 국가에서 북한에 대한 지원과 협력을 아끼지 않겠다고 하고 있다. 하지만 북한은 인간다운 생활을 할 수 있는 최소한의 의식주조차 정상적으로 확보하지 못하는 열악한 상황에 처해 있음에도 요리음식에 간 보듯 필요할 때만 문고리를 살짝 풀었다가 다시 자물쇠로 채워버리는 상황을 반복하고 있다. 북한이 발전하기 위해서는 개방이 필요하고 또 국제사회의 지원이 필요하다.

북한 개방의 열쇠는 김정은이 쥐고 있다고 해도 과언이 아니다. 그런데 한 국가의 정책을 결정할 때 큰 영향을 미치는 두 요소는 통치자 개인과 구조이다. 김정은 개인의 기질이나 경험, 예를 들어 자유분방함이나 외국유학 경험 등을 고려해 볼 때 김정일보다는 체제개방 가능성이 더 크다고 추정할 수 있다. 하지만 북한의 견고한 구조가 개방을 억제하는 역할을 할 수 있다. 김정은 개인의 의지가 어떤지는 알 수 없다. 그리고 북한의 개방이 어떤 식으로 추진될지 예측하기 어렵다. 정리하자면, 김정은 개인의 생각과 북한 구조 이 양자의 조합에 따라 개방의 유무와 정도가 결정될 수 있다.

이러한 점을 고려하면서 북한이 왜 개방을 주저하는지 그 이유를 살펴보기로 하자.

첫째, 개방이 체제유지에 위협이 되리라 생각하기 때문이다. 개방은 인적·물적 교류와 협력 그리고 소통을 동반한다. 이러한 것들은 북한 지배층뿐만 아니라 주민에게도 직·간접적으로 영향을 미친다. 자본주의와 자유민주주의가 시대적 대세이다. 북한은 개인의 소유를 기본으로 하는 자본주의, 자유와 평등 그리고 인권 존중 사상이 북한사회로 유입되는 것을 인위적으로 막으려고 노력하고 있다. 그럼에도 우월한 문화가 열등한 문화를 알게 모르게 집어삼키듯 이러한 이념이 북한사회에 자연스럽게 침투하게 된다. 따라서 북한정권의 입장에서 볼 때 섣부른 개방은 체제유지를 어렵게 만드는 심각한 문제를 가져올 수 있다고 판단하고 있다. 시작할 때의 아주 작은 변화가 나중에는 엄청난 변화를 가져올 수 있다는 나비효과를 두려워하고 있다.

둘째, 개방에 따른 변화를 우려하고 있다. 김정일정권에 비해 김정은정권이 개방에 좀 더 우호적인 것 같다. 김정은정권은 북한에 19개 특구를 만들어 개방의 정도를 조금씩 높이고 있다. 경제분야를 담당하는 북한 요원을 중국으로 파견해 교육을 받도록 하고 있다고 한다. 또한 나진-하산 프로젝트와 같은 점진적 개방을 추진하는 정책을 취하고 있다. 하지만 여전히 개방의 속도를 북한 실정에 맞게 조절하고 있다.

장마당의 예를 들어보자. 북한의 장마당은 사적 소유를 인정하는 자본주의적 특징 중 하나이다. 하지만 장마당을 용인하지 않으면 경제가 돌아가지 않으니 이를 인정할 수밖에 없었다. 이 장마당이 북한 사회주의적 계획경제와 모순된다고 이제 와서 이를 없앤다는 것은 어렵다. 이처럼 어느 정도 개방되고 나면 이를 되돌릴 수 없다. 그래서 개방이 북한에 도움이 됨을 알면서도 북한정권은 개방의 속도조절에 신경을 곤두세우고 있다. 김정은의 해외유학 경험이 개방을 이끄는데 긍정적 영향을 미칠 수 있다고 생각할 수 있다. 하지만 아직 그러한 점을 발견하기는 어려운 것 같다.

셋째, 핵무기를 지렛대로 삼아 개방 시늉만으로도 필요한 협력과 지원을 받을 수 있다고 생각하는 것 같다. 북한은 체제 존속의 가장 큰 무기로 핵무기를 이용하고 있다. 1990년대부터 본격적으로 핵개발을 시도했다. 1985년 소련의 권유로 가입한 NPT를 1993년 탈퇴하여 핵을 이용한 벼랑 끝 전술을 감행했다. 1994년 북・미제네바합의를 통해 핵포기 대가로 북한은 경수로 및 난방과 전력생산을 위한 중유를 공급받기도 했다.

또한 미국과 북한은 각각 연락사무소를 설치하여 양국관계를 대사급 관계로 발전시킨다는데 합의하기도 했다. 2005년 9.19합의를 통해 북한의 모든 핵무기와 핵계획을 포기한다는 조건으로 6자회담 당사국 중 북한을 제외한 5개국이 북한에게 에너지를 지원하고 남한은 전력을 공급하기로 했다. 위 합의가 대부분 지켜지지 못했지만 이러한 선례를 고려해 볼 때 북한은 적극적인 개방을 하지 않고도 핵무기를 매개로 남한 및 국제사회로부터 필요한 지원과 협력을 받을 수 있다고 생각하고 있다.

넷째, 주민들의 민심이반이 두렵기 때문일 것이다. 개방은 주민에 대한 정부의 통제와 억압 강도를 약화시키는 역할을 한다. 북한은 언론의 자유, 여행과 이주의 자유, 직업선택의 자유 등 인간이 가져야 할 최소한의 기본적 권리를 인정하지 않는 국가이다. 그래서 주민들 가운데는 자기가 살고 있는 지역 외 다른 지역의 실상뿐만 아니라 외국세계의 생활상을 모르는 사람들이 많다. 개방이 될 경우 북한 내 지배층과 피지배층의 차이를 알게 된다. 또한 외국 사회의 실상을 이해하게 되면 주민들 자신이 지금까지 너무 고생하며 힘들게 살았음을 느낄 수 있게 된다.

지금 북한에는 혁명을 주도할 세력이 없다시피 하지만 부당한 대우를 받았을 때 저항하는 것이 인간의 속성이다. 개방은 현 정권에 비판적인 세력을 키우는 작용을 하게 된다. 그렇기 때문에 북한 정권이 개방을 주저하는 것은 어찌 보면 당연한 듯 여겨진다. 북한이 특구를 만들고 중국경제를 벤치마킹하는 측면을 일부 찾아볼 수 있으나 이러한 것들이 개방으로 이어진다고 보기는 어려울 것 같다.

국가의 가장 중요한 목표는 국가의 생존이다. 하지만 국가의 생존은 최소한의 필요조건에 불과하다. 국가는 국민들이 안전하고 평안하게 생활하고 풍요로운 삶을 누리도록 할 책임이 있다. 점진적이든 급진적이든 북한이 개방을 통해 국제사회의 정상적 국가의 일원으로 자리잡는 것이 시대적 순리이다.

미주

1) 통일부 통일교육원, 『2013 북한이해』, 통일부 통일교육원, 2013, pp. 26-27.
2) 위의 책, pp. 14-18.
3) 위의 책, pp. 17-18.
4) 위의 책, pp. 35-49; 김용대 외, 『북한의 이해와 통일』, 경상대 출판부, 2011, pp. 57-70; 김명호 외, 『한반도 통일과 북한사회의 이해』, 청람, 2012, pp. 71-80.
5) 당시 대통령후보였던 유시첸코가 오렌지색 깃발을 사용한데서 연유한다.
6) 튀니지를 대표하는 꽃이 재스민이므로 재스민 혁명이라고 한다. 이와 같은 민주화운동은 이집트의 무바라크정권과 리비아의 카다피정권 등의 몰락을 가져오게 했다. 이들 국가에는 어느 정도 시민세력이 존재했기 때문에 혁명이 가능했다고 할 수 있다.
7) 김정일은 실제로는 러시아 블라디보스톡 근처에서 태어났다고 한다.
8) 외교부, 『2014 외교백서』, 외교부, 2014, p. 368.
9) 존 에브라드, 『영국외교관 평양에서 보낸 900일』, 책과함께, 2014, pp. 210-220.
10) 김명호 외, 『한반도 통일과 북한사회의 이해』, 청람, 2012, pp. 81-82.
11) 통일부 통일교육원, 『2013 북한이해』, 통일부 통일교육원, 2013, p. 140.
12) 위의 책, pp. 142.
13) 위의 책, p. 144.
14) 위의 책, pp. 144-145.
15) 권영걸 외, 『꼭 알아야 할 통일 북한 110가지』, 평화문제연구소, 2011, pp. 144-145.

제5장

북한의 사회와 문화

1. 북한 사회구조의 특징은?
2. 북한의 교육제도와 그 특징은?
3. 북한의 교원양성제도는?
4. 북한의 외국어교육은?
5. 북한의 생활문화는?
6. 북한사회에서 여성의 지위는?
7. 남북한 언어의 이질화 문제는?
8. 남한에 북한언론을 개방하면 어떻게 될까?

1. 북한 사회구조의 특징은?

사회구조는 한 사회 내에서 개인이나 집단이 상호 관계를 맺으면서 형성한 정형화된 질서를 뜻한다. 다시 말해 개인이나 집단의 행동범위와 양식을 정해 주는 사회적 틀이라고 할 수 있다. 북한 사회구조의 특징을 간략히 살펴보기로 하자.

첫째, 집단주의적 사회관이다. 북한은 집단주의에 기초한 조직적 통제사회이다. 집단주의는 개인보다 집단을 우선시하며, 개인은 집단을 위해 희생해야 하는 존재로 본다. 북한주민은 평생을 통제된 조직생활을 하면서 살아간다. 북한의 집단주의는 주체사상과 관련이 있다. 주체사상은 수령중심의 사회가 되어야 함을 강조하고 있다. 주체사상을 바탕으로 한 개인은 사회전체의 이익을 위해 집단에 종속되어야 하는 존재이다. 북한주민은 노동당을 중심으로 하는 집단적인 조직생활 속에서만 개인의 가치를 찾을 수 있다는 것이다.[1)]

북한의 헌법에서도 집단주의와 관련한 사항을 규정해 놓고 있다. 헌법 제63조에 의하면, "조선민주주의인민공화국에서 공민의 권리 및 의무는 '하나는 전체를 위하여, 전체는 하나를 위하여'라는 집단주의 원칙에 기초한다."라고 되어 있다. 집단주의는 북한을 이끌어가는 중요한 지배원리 가운데 하나라고 할 수 있다.

원래 집단주의는 농경사회 때 노동력을 얻기 위해 공동체를 유지할 목적으로 만들어졌다. 집단주의는 개인보다 집단의 목표 그리고 사회적 규범과 의무를 중시한다. 그런데 집단주의가 단점만 있는 것은 아니다. 개인의 힘으로 할 수 없는 것을 집단을 통해 할 수 있는 장점이 있다. 우리의 경우에도 1997년 외환위기를 극복하기 위해 추진된 금모으기 운동이나 2002년 한일 월드컵에서 보여주었던 길거리 응원 등을 통해 집단주의의 좋은 점을 경험한 적이 있다.

하지만 집단주의는 집단이나 집단구성원으로서의 개인을 지나치게 강조함으로써 개인이 집단에 종속되어 버린다는데 문제가 있다. 특히 북한의 집단주의는 개인의 존엄성과 개성을 무시하는 측면이 강하다. 북한에서는 당의 혁명목적 달성을 위해 개인의 자유와 권리 그리고 개인적 이익 제한을 기본으로 하고 있기 때문이다.

둘째, 북한 특유의 계층구조를 들 수 있다. 북한은 사회주의체제의 구축과 효율적인 주민통제를 위해 의도적으로 3대 계층으로 구분하고 있다. 북한은 1950년대 말 사회주의 제도 개혁을 추진하면서 전체 주민을 출신성분 별로 조사했다. 1970년에 3계층 51개 부류 구분사업을 실시해 북한식 계층구조의 기본을 완성했다. 이어 1990년대 중반 이후 일부 주민들이 탈북, 행방불명, 방랑, 도주 등 각종 일탈행위를 함에 따라 주민들을 3계층 45개 부류로 재분류하였다고 한다.

북한의 3대 계층은 핵심계층, 기본계층 그리고 적대계층으로 구분된다. ① 핵심계층은 국가체제를 이끌어가는 통치집단을 말한다. 핵심계층에는 김일성, 김정일 및 그 가족과 친척 등 북한의 최고 지도층과 고급 간부가 해당된다. ② 기본계층은 북한의 중간계층을 말한다. 이 중간계층에는 일반 노동자, 기술자, 농민, 사무원 등이 포함된다. ③ 적대계층은 북한 내에서 불순 반동분자로 낙인

찍힌 사람들로서, 친일·친미주의자, 지주, 정치범, 반당·반혁명 종파분자 등을 예로 들 수 있다. 이들은 대학진학이나 노동당 입당 등에 제한이 있으며 북한사회에서 요주의 인물로 감시를 받고 있다고 전해진다.

북한의 계층구조는 체제의 유지와 안정을 위해 인위적으로 만들어진 것이다. 공산주의 사회가 되면 모든 주민들이 차별없이 살 수 있는 사회가 된다고 선전해 왔다. 하지만 북한에서는 자본가계층은 없어졌지만 새로운 차별화된 사회계층을 탄생시켰다. 이 계층구조로 인해 차별과 불이익을 당하는 사람들이 많다고 한다.

셋째, 사회통제 구조를 들 수 있다. 사회주의체제를 채택하고 있는 국가는 대체로 주민들을 대한 통제가 엄격한 편이었다. 그런데 냉전체제가 소멸된 후 주민들에 대한 통제가 완화되었다. 중국이나 베트남의 경우, 아직 정치적 자유는 제한되고 있으나 경제적 자유는 상당히 보장되고 있다. 하지만 북한의 경우는 정권수립 때와 별 차이없이 주민에 대한 통제가 철저하게 이루어지고 있다. 북한은 체제 유지를 위해 사상적 통제, 조직생활을 위한 통제, 배급제를 통한 경제적 통제, 계층분류를 통한 사회적 통제 등 다방면에 걸쳐 주민을 통제하고 있다.

북한의 사회통제는 통치이념인 주체사상을 바탕으로 이루어지고 있다. 통제의 근거는 사회주의 혁명을 구현하고 주체사상을 실현하는데 있다. 또한 통제구조가 복합적으로 되어 있다. 노동당, 국가기구, 사회단체 등이 복합적으로 얽혀 주민을 통제하고 있다. 주민은 당 조직과 분리되어 존재할 수 없는 구조 속에 놓여 있다.

따라서 주민의 사고방식이나 생활양식 등이 집단주의화될 수밖에 없다.

2. 북한의 교육제도와 그 특징은?

어떤 국가든 국민을 위한 교육을 중시한다. 북한 정권도 교육에 상당한 관심을 갖고 많은 투자를 해 오고 있다. 북한 교육의 목표는 공산주의적 인간의 양성과 사회주의체제의 유지와 발전이다. 북한이 양성하고자 하는 인재는 투철한 혁명적 사상과 지식을 갖게 하여 북한체제의 유지·발전을 위해 헌신적으로 일하는 사람이다. 북한의 교육은 정치와 연관되어 있다. 그렇기 때문에 주민들은 교육을 통해 공산주의 정치이념을 전수받고 이를 통해 북한체제를 유지·발전시키는 역할을 한다. 개인의 능력발휘나 자아실현보다 사회주의혁명에 헌신하는 인간을 양성하고 김정은체제에 충성하는 인재를 키우는데 교육의 중점이 있다.

북한의 학제는 1975년부터 4-6-4제를 기본으로 했다. 소학교 4년, 중학교 6년, 그리고 대학 4~6년으로 되어 있었다. 의무교육 기간은 유치원 높은 반 1년, 소학교 4년, 중학교 6년 이렇게 11년간이었다. 그런데 김정은정권 출범 후 2014년부터 소학교 과정을 5년으로 늘려 기본학제를 12년으로 개편하였다. 그리고 중학교 과정을 초급중학교 3년과 고급중학교 3년으로 분리해 운영하고 있다.

북한의 의무교육은 무상교육으로 되어 있다. 하지만 경제난으로 인해 학생들에게 필요한 각종 물품을 학교가 준비하지 못해 학용품이나 연료 등을 학생들이 부담해야 하는 경우가 많다고 한다. 소학교 학생들은 농번기에 농사를 돕거나 근로활동을 해야 하며, 특히 중학생들은 농사지원이나 건설현장 지원 등을 해야 한다고 한다.

북한의 학기 시작일은 4월 1일이다. 방학기간은 8월에 시행되는 여름방학과 1월~2월 사이에 들어있는 겨울방학을 합쳐 약 두 달 정도 된다.

북한의 정규 학교교육에서 강조하는 내용은 크게 정치사상교육, 과학기술교육, 체육교육으로 구분된다. 정치사상교육에서는 주로 김일성, 김정일의 혁명사와 혁명활동을 가르치고 있다. 과학기술교육에서는 일반과학과 전문기술을 가르친다. 이제 김정은 시대가 도래한 상황이라 김정은을 우상화하는 작업이 각급 학교를 통해 실시되고 있다고 한다. 그리고 체육교육은 노동과 국방에 필요한 체력을 키우는데 역점을 두고 있다. 이와 함께 1990년대 이후에 와서는 국제적 상황변화에 적응하고 대처하기 위해 외국어교육과 컴퓨터교육을 강조하고 있다.

북한에는 김일성종합대학, 김책공업종합대학, 고려성균관대학 등의 종합대학을 비롯해 280여개의 대학이 있다. 단과대학으로 공업대학, 농업대학, 의약대학, 사범대학, 교원대학, 석탁공업대학, 수의축산대학 등 다양한 이름을 가진 것들이 있다. 이 외에 공장, 협동농장 등에 공장대학과 농장대학, 어장대학 등이 있다고 한다.

북한에서 대학 진학은 남한과 마찬가지로 어렵다. 대학을 졸업하면 그에 따른 장점이 많기 때문에 대부분의 중학생들이 대학 진학을 원한다. 정부에서 대학 모집인원을 시・도별로 할당한다. 북한에서 중학교를 졸업하고 곧바로 대학에 진학하는 학생을 직통생이라고 한다. 이 직통생 비율은 20% 정도로 알려져 있다.

북한에도 많은 학생들을 좋은 대학에 합격시키는 명문 중학교가 있다. 이들 학교는 1~2개 정도의 특수반을 만들어 대학입시 준비를 위해 집중적으로 공부를 시킨다고 한다. 최근 평양에서는 대학진학을 위한 과외가 서서히 늘어나고 있다고 한다. 대학입학 기준으로는 일차적으로 성적을 보고, 다음으로 출신성분과 적성 등을 본다고 한다. 대학에 진학하지 못하는 학생들 가운데 남학생은 군에 입대한다. 여학생은 일부 군대에 가는 사람을 제외하고 직장에 배치된다. 그래서 북한에는 재수생이 없다. 군대에 근무하는 도중 혹은 직장에 근무하다가 대학에 진학하는 경우가 있다고 한다.

북한에는 일반대학과 구분되는 특별한 교육기관이 있다. 먼저, 국가를 위해 헌신하다 죽은 혁명가 자녀들을 교육시키기 위해 만든 혁명학원이 있다. 만경대혁명학원, 강반석유자녀대학, 남포혁명학원 등의 학교가 그것이다. 다음으로, 군 내에 고급 정치장교인 정치군관을 양성하기 위한 김일성정치대학과, 일반 군 지휘관을 양성하기 위한 김일성군사종합학교가 있다. 그리고 항일혁명투쟁 용사이었거나, 김일성과 김정숙(김일성의 처)의 이름을 내건 대학들이 많다. 위에서 언급한 김일성정치대학, 김일성군사종합학교를 포함해 김일성고급당학교, 김정숙사범대학, 차광수대학, 리수복대학 등이 그 예이다.

또한 예체능계 학교가 있다. 예체능계 학교는 금성학원, 평양음악학원, 남포중앙체육학원, 김정일예술학원 등인데, 이들 학교는 주로 음악, 무용, 조형, 교예 등을 가르쳐 북한의 사회, 문화 등을 홍보하는데 필요한 인재를 양성하고 있다. 이와 함께 일반주민들을 대상으로 한 김일성방송대학이 1970년대부터 운영되고 있다고 한다.

3. 북한의 교원양성제도는?[2)]

북한에서 교원은 교사와 교수를 통칭하고 있다. 유치원 교사는 교양원이라고 한다. 북한에서 교사는 공산주의 혁명가의 계승자를 키우는 직업적 혁명가로 알려져 있다. 교사는 김일성, 김정일이 주창한 주체혁명의 혁명인재와 공산주의적 인재를 키우는 임무를 맡고 있다. 그래서 1990년대 초반까지 교사는 주어진 교육사업에 몰두할 수 있도록 경제적 처우나 사회적 지위를 인정받았다.

그런데 1990년대 중반 국가적 경제난을 겪은 후 교사의 지위가 이전에 비해 못해졌다고 한다. 교사는 사회적 책무와 도덕성을 가지는 직업적 혁명가로 알려져 있어 장사를 하거나 퇴직을 할 수 없다. 또한 교사에 대한 국가적 혜택이 줄어들었고 학교운영비용의 일부가 학부모의 부담으로 바뀌면서 교사의 위상이 낮아졌다고 한다.

북한에서는 1967년부터 전국을 단위로 해 교원양성제도를 시행해 오고 있다. 유치원 교양원과 소학교 교사는 3년제 교원대학에서 양성되고 있다. 직할시와 도에 1개씩의 교원대학이 있다. 중학교 교사는 4년제 사범대학에서 양성되고 있다. 김형직사범대학은 북한의 대표적인 사범대학으로서 교원대학과 사범대학 교사를 양성하고 있다.

북한의 교원양성제도는 정규과정과 비정규과정으로 구분된다. 정규과정은 교원대학이나 사범대학을 졸업한 후 교원이 되는 과정이다. 비정규과정은 통신대학, 교원대학, 사범대학의 야간학부 등을 졸업한 후 교원자격 검정시험을 통과해 교원이 되는 과정이다. 그 외에 사회경력자 중 6개월 내지 1년간의 단기과정인 교원양성소 과정을 거쳐 교원이 될 수 있다.

소학교와 중학교 교사는 업무수준과 학력에 따라 1급부터 5급까지 구분하고 있다. 사범대학 졸업자는 3급, 교원대학 졸업자는 4급, 그리고 사범대학을 졸업하지 않은 교원은 보통 5급이 된다고 한다. 높은 급으로 진급하기 위해서는 3년마다 실시되는 교원 진급시험을 통과해야 된다.

교원양성기관의 교육과정은 학교 급별로 다르지만 대체로 이들 교육과정을 세 부분으로 나눌 수 있다. 첫째, 기초과정에는 김일성 혁명역사, 김정일 혁명활동, 주체철학, 김일성 저작, 수학, 인체해부학 등의 과목이 있다. 둘째, 교육학과정에 교육학, 교육심리학, 교육실습 등의 과목이 포함된다. 그리고 셋째, 교과교육과정에는 국어, 수학, 체육 등 일반교과가 포함되어 있다.

북한 교원양성기관의 최우선 목표는 공산주의혁명을 완수하는 인재 양성이다. 어느 국가에서나 교원양성기관의 주된 목표는 개인의 인격과 품성 함양 그리고 국가발전에 기여할 인재 양성이라 할 수 있다. 하지만 북한의 교육기관은 개인차원보다 국가차원의 인재 양성에 더 큰 비중을 두고 있다.

교원의 주된 업무는 학생들을 가르치는 수업이다. 하지만 방과 후 학습부진 학생이나 우수학생의 지도를 할 때도 있다. 그리고 월요일에는 학습과 총화시간을 갖고, 화요일과 목요일에는 분과모임을 갖는다고 한다. 분과모임에서는 교원들끼리 수업을 준비한다고 한다. 또한 교원은 노동현장에 동원될 때가 있다. 철도공사 지원, 농장 지원, 나무심기 등 필요한 시기에 노력동원에 참가하고 봄과 가을에 학교에서 실시하는 동원에도 참가한다고 한다.

4. 북한의 외국어교육은?

최근 언론보도에 따르면, 북한의 2015년 주요대학 입시에 기존의 문법・독해시험에 더해 듣기・말하기시험을 도입하기로 했다고 한다.[3)] 그리고 평양의 국립도서관인 인민대학습당에서는 영어를 가르치는 유료 단기 외국어강좌가 생겼다고 한다. 이 강좌를 들으면 실용영어를 배울 수 있고 또 미국식 영어로 된 녹음자료를 받을 수 있어 인기가 있다고 한다.

2011년 말에 출범한 김정은정권은 기초과학교육의 일환으로 컴퓨터교육을 강화하고 외국어교육에도 특별한 관심을 보이고 있다. 이러한 사회적 분위기에 따라 북한에서 외국어학습 붐이 일고 있는 것으로 전해지고 있다. 1994년경부터 중국과의 교역이 활발해짐에 따라 중국어의 인기가 높아졌다. 또한 최근 러시아와 관계개선이 이루어짐에 따라 북한에서 러시아어를 다시 공부하는 사람이 늘어나고 있다고 한다.

북한은 1960년대부터 외국어교육 방향의 변화를 모색했다. 1964년에 북한정권은 외국어교육을 강화하는 정책을 추진했다. 북한의 전통적 외국어였던 러시아어와 함께 영어를 중학교 제1외국어로 지정해, 학생들이 둘 중 하나를 배우도록 했다. 대학생들은 졸업할 때까지 2개 이상의 외국어를 할 수 있도록 했다. 이 시기에 김일성종합대학의 외국어학부를 분리해 평양외국어대학을 설립했다. 그후 북한은 1975년부터 서방과 제3세계 국가에 대한 외교영역 확대와 주체사상 전파의 필요성에 따라 러시아어보다 영어의 비중을 높였다.[4)]

1980년대 중반부터 소학교에 영어와 러시아어를 가르치도록 했다. 소련이 해체되자 북한에 대한 러시아의 영향력이 약화되었다. 이러한 국제상황의 변화로 1990년대 초에는 영어가 러시아어를 대신해 제1외국어의 자리를 차지했다. 북한의 외국어전문 교육기관으로는 평양외국어학원, 평양외국어대학 등이 있다.

평양외국어학원은 1958년 6월 개교한 6년제 외국어전문교육 중학교이다. 이 외국어학원에서는 재학생에게 영어, 러시아어, 일어, 중국어 등 8개 외국어를 집중적으로 교육하고 있다. 학생들은 수업시간 뿐만 아니라 일상생활에서도 전공한 외국어로 대화하도록 몰입식 교육을 받고 있다. 평양외국어학원 졸업생 대다수는 평양외국어대학과 같이 전공과 관련있는 대학에 진학한다.

평양외국어대학은 5년제 외국어 대학으로 김일성종합대학 바로 옆에 있다. 평양외국어대학 입학에는 혁명유자녀, 영예군인 자녀 등 출신성분이 좋은 학생에게 우선권이 있다고 한다. 또한 평양외국어학원과 같은 전문학원 졸업생들이 많이 입학한다.

북한은 국제적 흐름의 영향을 많이 받는 나라가 아니다. 그런데 북한 상류층 출신 젊은이들은 국제상황 변화의 영향으로 외국어에 상당한 관심을 가지고 있다고 한다. 그리고 평양외국어대학을 졸업하면 엘리트로 인정받고 좋은 직장에 배정받을 수 있다. 그래서 평양외국어대학은 북한 젊은이들에게 아주 인기가 있다고 한다.

김정은정권이 외국어교육에 적극적으로 관심을 갖는 것은 반가운 일이다. 외국어 가운데 특히 영어에 큰 비중을 두고 있는 것 같다. '원수의 나라를 알기 위해 영어를 배운다.' 라고 하면서 학생들에게 영어를 가르친다고 한다.

언어는 문화이다. 언어에는 그 언어 나름의 문화가 내포되어 있다. 그런 점에서 외국어교육 강화를 통해 북한이 다른 세상을 좀 더 이해하고 소통할 수 있기를 기대한다. 또한 이러한 외국어교육 강화에 힘입어 북한의 개방이 조금이라도 앞당겨지기를 희망한다.

5. 북한의 생활문화는?

김정은 1인독재체제인 북한도 사람이 사는 곳이다. 아무리 자유가 제한된 사회라고 하더라도 그 나름의 일상적 생활상이 있다. 여기에서는 북한의 생활문화에 대해 살펴보기로 하자.

먼저, 결혼과 관련한 사항을 보기로 한다. 어느 사회나 남녀 간 사랑은 비슷하리라 여겨진다. 북한에서는 1970~80년대까지 중매결혼이 많았으나 얼마 전부터 연애결혼이 점점 더 늘어나고 있다고 한다. 북한 남성의 경우 중학교를 졸업하면 특별한 경우를 제외하고 대학이나 군대에 간다. 이전에는 대학생에게도 연애가 금지되어 있었다고 하나 지금은 대학에서 이성교제하는 학생들이 늘어나고 있다.

북한의 군복무 기간은 10년 전후로 상당히 길다. 그리고 군대에서는 연애가 공식적으로 금지되어 있다. 그러다 보니 이성교제를 할 수 있는 기회가 적어 애로사항이 많다고 한다. 하지만 군에 근무하면서 몰래 이성교제를 하는 군인들이 있다고 한다.

북한에서도 시대의 변화에 따라 배우자의 직업선호 기준이 바뀌고 있다고 한다. 이전에는 미혼여성의 경우 비교적 출신성분이 좋은 국가안전보위부나 사회안전부 등과 같은 권력기관에 근무하는 남성을 선호했다. 그런데 최근에는 경제적 능력을 중시하는 방향으로 변하고 있어 외교관, 무역회사 직원, 요리사 등이 인기가 있다고 한다.

북한에서는 연애하는 사람과 결혼하는 것이 일반화되어 있다고 한다. 그래서 연애를 신중하게 생각하는 경향이 있는 것 같다. 여유가 있는 계층의 경우 결혼식은 평양시내 경흥관과 같은 결혼식장에서 한다. 보통의 경우는 신랑집 혹은 신부집에서 결혼식을 하며, 문화회관과 같은 대중시설에서도 치러진다고 한다.

다음으로, 북한의 예절관련 사항을 보자. 북한에서는 청소년들이 공산주의도덕을 철저히 지킬 것을 강조하고 있다. 공산주의도덕을 통해 공동생활을 바르게 하고 또 사회주의 제도를 준수하게 한다. 북한은 집단주의 요소가 강하므로 영화 관람이나 예술공연 관람 등 공연장에서의 예의를 강조하고 있다. 특히 관람할 때는 옷을 단정히 입고 입장하며 잡담을 하지 않도록 하고 있다.

북한의 명절에는 국경일과 기념일 그리고 전통 민속명절 등이 있다. 북한의 명절 가운데 중요하게 취급되는 몇 가지가 있다. 이들은 김정일 생일인 광명성절(2.16), 김일성 생일인 태양절(4.15), 인민군 창건일(4.25), 노동당 창건일(10.10) 그리고 양력설(양력 1.1), 음력설(음력 1.1), 추석(음력 8.15), 단오(음력 5.5) 등이다. 특히 김정일의 생일부터 김일성의 생일까지를 민족 최대의 명절 축제기간으로 지정해 예술 공연, 체육행사, 전시회 등 다양한 축하행사를 한다고 한다.

북한에서는 전통적인 민속명절을 사회주의적 이념과 맞지 않다고 해석해 이를 인정하지 않았다. 그러다가 1980년대 말에 와서 음력설, 단오, 추석 등이 명절로 지정되었다. 추석에는 남한과 같이 조상의 묘를 찾아 차례를 지내는 전통을 유지하고 있다고 한다.

북한주민들이 일반적으로 즐기는 여가활동은 여러 가지가 있다. 김정은체제가 출범한 후 사회주의 문명국 건설을 강조하면서 공원, 유원지, 물놀이장 등 주민을 위한 위락시설을 많이 건설하고 있다. 북한주민들은 축구, 농구, 배구, 탁구 등 스포츠를 통해 체육활동을 하고 있다. 체육활동은 집단주의적 의식을 고취하고 체력을 강화시켜 사회주의혁명을 추진하는데 기여하도록 장려되고 있다.

평양주민의 경우, 주말이나 휴일에 만경대유희장, 능라인민유원지 등과 같은 오락시설을 이용하면서 즐긴다고 한다. 그리고 주패(서양카드)놀이, 장기, 바둑, TV 시청 등을 하면서 여가시간을 보낸다. 최근에 와서 평양에 화면반주음악실(노래방)과 전자오락실이 개설되어 이를 이용하는 사람들이 늘고 있다고 한다. 지방에서는 직장이나 지역단위의 문화회관 등에 있는 체육시설이나 오락시설을 이용하면서 여가를 즐기고 있다고 한다.

북한주민들은 명절이나 연휴 때 영화관에 가 영화를 보기도 한다. 영화는 특히 김정일정권 시기에 북한체제를 선전・홍보하는 중요한 도구로 많이 활용되었다. 정부에서 정책적으로 만든 영화는 직장에서 단체로 관람하러 가는 경우도 있다. 북한에서는 음악도 중요한 오락의 하나이며 혁명사상을 결집시키는데 도움이 되고 있다. 북한주민들은 수시로 집단적으로 노래를 부르면서 화합을 강조하고 있다. 또한 노래를 통해 고난을 위안받고 용기를 북돋우기 위해 전국의 근로자들이 경쟁하는 노래경연대회가 열리기도 한다.

또한 공안당국의 통제에도 불구하고 남한의 한류물결이 북한으로 유입되고 있다. 최근 USB와 CD알 등을 통해 남한의 드라마나 영화 등을 보는 주민들이 늘어나고 있다고 한다.

6. 북한사회에서 여성의 지위는?

북한 사회에서 여성의 지위는 어떨까?

북한에서는 1946년 '남녀평등에 관한 법률'이 제정되어 남녀평등을 법적으로 보장하였다. 국가는 여성의 사회활동 참여를 적극적으로 장려하였다. 그런데 남녀평등의 법적 보장과 여성의 사회참여가 여권신장을 위해서라기보다 6.25전쟁 이후 부족했던 노동력 확보를 위해 추진되었다고 알려져 있다.[5)] 탁아소나 유아원 등과 같은 자녀돌봄 조직을 많이 만들어 여성들의 경제활동을 지원했다.

그런데 남한과 마찬가지로 북한의 실제생활에서는 가부장적 불평등이 많이 남아있었다. 1990년대 초까지는 남녀가 당 차원의 사회주의국가 건설 업무를 대등하게 담당했음에도 여성은 가사노동을 책임져야 했다. 뿐만 아니라 여성은 전통적으로 내려오고 있던 정숙함, 여성다움을 유지해야 했다. 북한의 여성은 혁명완수를 위한 혁명가로서의 역할과 전통적인 주부로서의 역할이라는 이중적 책임을 져야 했다.

하지만 1990년대 중반에 들이닥친 심각한 경제위기로 인해, 특히 가정 내 남편과 아내의 위상이 변화되기 시작했다. 북한주민들의 가장 중요한 생계유지 수단은 국가로부터의 배급이었다. 그런데 1990년대 중반부터 식량배급이 거의 중단되었고 많은 공장이 가동을 멈추었다. 이제 국가가 가족의 생계를 책임지기 어려운 상황이 되자 가족 스스로 생활을 유지해야만 했다. 생계유지를 위해 할 수 있는 것이 장사와 같은 것이었는데, 주로 아내가 이를 담당했다. 남편은 가장의 체면 때문에 장사에 뛰어들기 어려웠고, 또 공장 가동이 멈추었음에도 형식적으로 출근해야 했다. 공장으로 출근하지만 일이 없어 농촌지원 같은 일에 동원되기도 했다. 공장에 나가지 않으면 무단결근자가 되어 생활총화에서 비판을 받았다.

그래서 아내가 가정을 책임지는 상황이 늘어났고 이와 함께 여성의 발언권이 높아졌다. 남편은 음식장사를 하는 아내를 도와 무거운 짐을 시장으로 옮겨주기도 한다고 한다. 물론 당 간부나 관료 등 북한사회의 중산층 이상은 시장에서 장사하는 사례가 드물다고 한다.

일반적으로 사람의 의식은 쉽게 변하지 않는다. 오랜 기간 북한 남성이 가지고 있던 가부장적 의식이 완전히 없어지지는 않았을 것이다. 그렇지만 1990년대 경제난 이후 아내가 경제권을 쥐는 사례가 늘어나고 있다고 한다. 이에 따라 남성과 여성 간의 지위가 점점 바뀌고 있는 것은 사실이라 여겨진다.

또한 여성의 적극적인 경제활동 참여로 인해 여성의 의식이 변하고 있다고 한다. 얼마 전부터 결혼을 하지 않으려는 여성이 늘어나고 있다고 한다. 또한 가정을 팽개치는 무능한 남편에게 이혼을 요구하는 아내가 생기고 있다고 한다.

북한 사회에서 가부장적 요소가 많이 사라지고 어느 정도 평등한 남녀관계가 자리잡고 있는 것 같다. 이러한 현상은 남한 사회의 경우와 별 차이가 없다. 남북한이 가지고 있는 공통점이나 차이점을 찾아 서로의 존재를 인정·이해할 수 있는 기회가 많아지길 기대한다.

7. 남북한 언어의 이질화 문제는?

남한의 한글날을 북한에서는 조선글날이라고 한다. 한글날이 10월 9일인데 비해, 조선글날은 1월 15일이다. 남한은 훈민정음이 반포된 날(1446년 10월 9일)을 기준으로 하고 있지만, 북한은 훈민정음이 만들어진 날(1444년 1월 15일)을 기준으로 삼고 있기 때문이다.

남북한이 사용하는 언어의 이질화가 통일에 큰 걸림돌이 될까? 우선 남북언어가 달라진 이유를 몇 가지 살펴보자.

첫째, 분단 이후 오랜 기간 남북한 간 교류가 거의 없었기 때문이다. 분단 전까지 같은 언어를 사용했기 때문에 남북한 간 의사소통에는 문제가 없었다. 그렇지만 분단 이후 남북교류가 제한되자 남북한 주민의 사고나 행동의 차이 등으로 인해 언어가 달라지게 되었다.

둘째, 남북한 언어정책의 차이 때문이다. 1933년에 제정된 한글맞춤법 통일안에 따라 남북한에서 언어표기법이 그대로 유지되었다. 그런데 북한은 1954년 조선어철자법을 제정해 시행함으로서 남북한 간 언어의 이질성이 나타나기 시작했다. 또한 북한은 사회주의 혁명을 추진하기 위해 언어정책을 활용했다. 호전성과 선동성을 강조하는 격음화현상 같은 것이 그 예이다.

북한은 1949년 한자사용을 폐지하고 한글전용정책을 시행했다. 그러다가 1960년대 중반에 와서 김일성의 지시에 의해 한자교육이 부활되었다. 남한에서는 두음법칙을 인정하지만 북한에서는 인정하지 않는다. 이처럼 남북의 맞춤법이나 언어법이 다른 경우가 있다. 또한 북한은 외래어 사용을 가능한 한 줄이고 민족의 전통을 유지하려는 언어정책을 유지하고 있다. 이 문제는 남한이 고민해 보아야 할 사항이라 생각된다.

셋째, 남북한의 사회문화적 요소와 대외적 관계가 언어차이를 가져오게 했다. 남한은 개인적 언어의식을 중요시하고 있으나 북한은 집단적 언어의식을 강조하고 있다. 외국과의 교류가 많은 남한에서는 다양한 외래어가 생활에 깊숙이 들어와 있다. 외국과의 교류가 적은 북한에서는 북한특유의 고유어가 발달했다. 북한은 가능한 한 한자어나 외래어를 사용하지 않고 고유의 우리말을 살려 생활화하고 있다.

이와 같이 오랜 기간 남북한이 나름의 체제와 문화를 유지해 옴으로써 언어도 조금씩 달라지고 있다. 하지만 남북 언어 간에 본질적인 차이는 없다는 것이 다수 전문가들의 입장이다.

북한의 '말다듬기 운동'이나 방언을 찾아 어휘를 풍부하게 한 점 등은 긍정적으로 평가할 수 있다. 일부 북한이탈주민들은 언어 차이로 인한 남한사회 적응문제는 그렇게 크지 않았다고 한다. 오히려 남한사회에 사용되고 있는 무분별한 외래어가 훨씬 더 큰 장애물이 되었다고 했다.

언어 이질화를 줄이기 위한 노력의 하나로 남북한은 2005년부터 '겨레말 큰사전' 작업을 시작했다. 2010년 천안함폭침사건의 여파로 이 작업이 중단되었다가 2014년에 다시 재개되었다. 남북한이 함께 참여하는 '겨레말 큰사전' 작업이 순조롭게 진행되면 2019년경에 마무리될 예정이라고 한다.

통일의 과정에 언어의 차이로 인한 혼란이나 문제가 발생할 수 있다. 하지만 이러한 언어의 차이는 남북한이 가지고 있는 각각의 문화적 산물을 조화시켜 우리말의 다양성을 풍부하게 하는 긍정적 측면이 있다. 남북관계의 악화 때문에 언어사업과 같은 문화교류가 영향을 받는 것은 바람직하지 못하다.

8. 남한에 북한언론을 개방하면 어떻게 될까?

최근에 와서 북한과 통일에 관련된 언론보도가 눈에 띄게 늘어나고 있다. 언론에서 보도되는 북한관련 뉴스는 단편적이지만 유익할 때가 많다. 그런데 이러한 뉴스가 어떤 경로를 거쳐 우리 국민에게 보도되는지 궁금할 때가 있다. 북한에는 2000년대 중반부터 한류열풍으로 남한의 영화나 드라마 등이 북한당국 몰래 유입되어 주민들에게 큰 관심을 끌고 있다고 한다.

북한은 철저한 통제국가이기 때문에 북한주민이 남한과 관련된 것들을 보았을 때 신상에 큰 문제가 발생한다고 알려져 있다. 그럼에도 최근 언론보도에 의하면 북한에는 남한에서 방영한 드라마나 영화를 담은 USB나 CD알 등을 장마당 같은 곳에서 돈만 있으면 쉽게 구입할 수 있다고 한다. 그 내용이 북한주민에게 어떠한 영향을 미치고 있는가 하는 점은 별개로 하더라도 북한주민들이 남한의 생활상을 어느 정도 알고 있다고 생각된다. 물론 북한주민들이 보았던 내용들이 남한의 실제 생활과 일치하지 않는 측면이 꽤 있을 수 있다. 하지만 이들의 남한에 대한 관심이나 이해의 수준은 점점 높아지리라 예상된다.

그런데 정작 남한에서는 김정은을 포함한 북한주민들의 실제 생활이나 활동을 거의 알지 못하고 있다. 북한주민들이 남한사회를 이해하는 것보다 오히려 남한사람들이 북한을 실제로 접할 수 있는 기회가 더 적은 것 같다는 생각이 든다. 북한관련 지식이나 주민의 생활상 등은 언론이나 관련 연구물 등을 통해 접할 수 있다. 하지만 남한사람들이 실제로 북한사회를 접할 수 있는 기회는 특별한 경우를 제외하고는 없다.

이러한 측면을 고려해 남한에서 먼저 북한언론을 개방하는 것도 북한의 실상을 이해할 수 있는 하나의 방안이 될 수 있다. 과거 남북체제경쟁이 치열했던 1980년대까지는 북한의 실제적 상황을 남한에서 여과없이 보거나 듣는 것은 국가안보를 위태롭게 할 수 있었다. 여과없이 노출된 북한언론 보도로 인해 극히 일부지만 남한주민이 공산주의자가 될 수도 있었을 것이다. 지금도 북한언론 개방 때 북한이 선전선동을 통해 악용할 가능성도 배제할 수는 없다.

하지만 북한보다 남한의 국력이 적어도 25배 이상 앞서 있고 또 국제적으로 중견국가로 인정받고 있는 남한의 주민이 북한의 조선중앙통신이나 노동신문 등을 자유롭게 보고 들을 수 있도록 하는 것은 별 문제가 되지 않는다고 생각한다. 예를 들어, 김정일 우상화와 같은 천편일률적인 노동신문의 보도내용에 대해 몇 번 정도는 관심을 가질 것이다. 하지만 매번 비슷한 뉴스를 접한다면 거의 모든 남한주민은 이에 대해 관심을 갖지 않을 것이다.

남한에서 북한에 대해 알 수 있는 자료나 정보는 주로 언론, 북한이탈주민 그리고 북한관련 연구물을 통해 얻을 수 있다. 현재 남한은 북한의 실상을 자유롭게 접할 수 없는 상황이기 때문에 객관적으로 알기 어렵다. 객관적이라는 말은 자기의 주관적 시각에서 벗어나 제3자의 입장으로 보는 것을 의미한다. 어떤 대상을 직접 관찰, 확인해 보고 관련 자료를 비교·분석해 볼 때 그 대상을 객관적으로 이해할 수 있다. 북한관련 자료나 내용도 마찬가지이다.

지금의 남북한 관계를 고려해 볼 때 남한주민은 특별한 경우를 제외하고는 북한을 방문할 수 없다. 충실한 통일교육을 하기 위해서라도 북한을 객관적으로 이해할 필요가 있다. 현 상황에서 북한을 객관적으로 이해할 수 있는 방법 중 하나는, 북한 언론을 남한에서 아무런 제한없이 있는 그대로 보고 들을 수 있도록 하는 것이다.

북한 언론개방과 같은 조치는 남한의 자유민주주의체제가 북한의 사회주의 독재체제보다 우월하다는 것을 증명하는 하나의 중요한 잣대가 된다. 우리 헌법에서 보장하고 있는 언론의 자유를 북한언론의 개방으로 확대할 필요가 있다. 만약 북한의 언론개방으로 남한의 안보를 위태롭게 하는 사람이 생긴다면 이를 국가보안법이나 형법으로 처벌하면 된다고 생각한다.

남한의 TV 방송에서는 불륜, 부패, 부정 등과 같은 우리 사회의 치부를 드러내는 내용을 포함해 다양한 볼거리를 많이 방영하고 있다. 우리의 치부나 장단점을 숨김없이 드러내 놓을 수 있다는 것은 우리 사회가 이들을 수용하고 이겨낼 자신감을 갖고 있는 성숙한 사회임을 확인시켜 주는 것이다. 우리 정부의 전향적인 정책의 변화를 기대한다.

미주

1) 김영하, 『새터민을 통해 본 남북한 사회 그리고 통일』, 경북대출판부, 2011, p. 279.

2) 권영걸 외, 『꼭 알아야 할 통일 북한 110가지』, 평화문제연구소, 2011, pp. 266-268.

3) 국민일보, 2014.11.29.

4) 권영걸 외, 앞의 책, p. 275.

5) 위의 책, p. 216.

• 책을 맺으면서

통일에 대한 언론 및 학계의 논의는 이전보다 무성하다. 유력 언론을 보더라도 통일과 북한에 대해 보도를 하지 않는 날이 없을 정도이다. 그만큼 통일과 관련한 논의는 넘쳐난다. 하지만 통일이 가까워지고 있다고 생각하는 국민은 그렇게 많지 않은 것 같다.

이 책은 통일을 이루기 위해서는 철저한 준비가 필요하며 경색된 남북관계의 개선을 통해 지속적인 교류와 협력이 필요하다는 시각으로 쓴 글이다. 준비되지 않은 빠른 통일보다 준비된 점진적 통일이 더 낫다는 관점을 가지고 통일과 북한 관련 주제를 다루어 보았다.

통일이 언제 어떻게 이루어질지 아무도 알 수 없다. 남북한이 상호 통일을 위한 의지를 갖고 노력한다면 언젠가는 통일한국을 건설할 수 있을 것이다. 하지만 한반도를 둘러싸고 있는 국내외적 상황을 고려해 볼 때 통일한국 달성에는 오랜 시일이 걸릴 것 같다. 그래서 한반도에 1국가 1체제를 가진 국가를 건설해야 통일이 이루어졌다고 하는 시각(결과로서의 통일)과 함께, 2국가 2체제를 유지하고도 통일을 달성했다고 하는 시각(과정으로서의 통일)으로 접근할 필요가 있다. 과정으로서의 통일이 진전되어 남북한이 단일국가 건설에 합의하면 최종적인 통일이 이루어지는 것이다.

통일을 달성하는데 피해야 할 방식은 무력적 통일과 흡수통일이다. 무력을 통한 통일은 남북한 모두에게 재앙이 될 수밖에 없다.

남한에 의한 흡수통일도 바람직스럽지 않다. 북한의 급변사태로 인한 흡수통일은 어쩔 수 없다 하더라도 의도적인 흡수통일은 피해야 한다.

통일에 대한 우리 국민들의 관심이 낮아지고 있어 아쉽다. 특히 미래 통일의 주역이 될 20~30대 젊은 세대가 통일문제에 대해 점점 무관심해지고 있어 걱정스럽다. 결과로서의 통일이든 과정으로서의 통일이든 우리 국민들이 통일에 대해 꾸준히 관심을 가져야 통일을 보다 철저히 준비할 수 있다. 이를 위해 시민단체, 학교, 정부 등 다양한 주체가 노력을 해야 한다. 이 가운데 가장 중요한 주체는 정부이다. 남북한 간 통일문제를 핵심적으로 담당하는 주체가 정부이기 때문이다.

정부는 왜 통일이 필요한지, 통일준비는 어느 정도 되어 있는지, 그리고 통일을 어떻게 이루어 나갈 것인지 등에 대해 진솔하게 국민들에게 알릴 필요가 있다. 그래야 국민들이 통일문제를 우리 생활과 밀접한 관계가 있는 실제문제로 인식할 수 있을 것이다.

지금까지의 남북관계를 돌아보았을 때 과연 남북한이 논의와 협상을 통해 서로 공존할 수 있는 길을 걸어갈 수 있을지 걱정스럽다. 차라리 남북한이 다시는 상종하지 않을 수 있다면 얼마나 좋을까 하는 생각이 들 때가 있다. 그렇지만 익히 알다시피 남한이 북한과의 관계를 단절하거나 완전히 무시할 수 없는 것이 현실이다. 그렇다면 인내심을 가지고 함께 노력하는 길 외엔 다른 방법이 없다.

남북한 어느 한 쪽이 다른 쪽에게 일방적으로 양보하고 포기하라고 할 땐 생산적인 결과를 얻을 수 없다. 가능한 한 서로 양보하고 배려하는 자세를 가져야 한다. 최종적인 통일한국을 건설한다고 할 때 남한과 북한 모두 양보하고 바꾸어야 할 부분이 있을 것이다. 남북한 협상과정에서 남한이 양보해야 할 사항도 있을 것이다. 하지만 국제사회의 보편적 추세를 고려해 본다면 자유와 인권 등 주민의 기본적 권리가 상당부분 훼손되고 있고 1인 독재체제를 고수하고 있는 북한이 훨씬 더 많이 양보하고 변해야 한다.

통일은 언제 어떻게 달성될지 예상하기 어렵다. 그럼에도 언젠가는 이루어져야 하는 통일을 위한 첫 발판은 마련해야 하지 않겠는가. 이를 위한 첫걸음이 남북관계의 개선이다. 분단 후 오랜 기간이 흘렀음에도 남북한은 공유할 수 있는 부분을 많이 가지고 있다. 하지만 분단이 지속되는 과정에 남북한 간 이질적 요소도 상당히 존재하고 있다. 통일한국을 건설하기 위해서는 이러한 이질성을 가능한 한 줄이는 노력이 필요하다. 이러한 작업을 위해서도 남북한 간 관계개선이 필수적이며 이를 바탕으로 한 꾸준한 교류와 협력이 절실히 요청된다.

참 고 문 헌

강동완 외, 한류, 『통일의 바람』, 명인문화사, 2012.

강명진 외, 『지역사회 통일교육: 경남지역을 중심으로』, 한국학술정보, 2011.

강철환, 『수용소의 노래(개정판)』, 시대정신, 2005.

고성준 편저, 『학교 통일교육의 새로운 이해』, 오름, 2012.

권영걸 외, 『꼭 알아야 할 통일 북한 110가지』, 평화문제연구소, 2011.

권태욱, 『모든 통일은 좋은가?』, 바른책들, 2012.

김국현, "다문화 도덕과 교육과정과 통일교육", 「도덕윤리과교육」, 제32권, 2011.

김명호 외, 『한반도 통일과 북한사회의 이해』, 청람, 2012.

김병연 외, 『남북통합지수, 1989-2007』, 서울대출판문화원, 2010.

김석우 외, 『통일은 빠를수록 좋다』, 기파랑, 2010.

김영하, 『새터민을 통해 본 남북한 사회 그리고 통일』, 경북대 출판부, 2011.

김영하, "새터민의 지역사회 정착 지원을 위한 시스템 및 프로그램 개선 방안", 「21세기정치학회보」, 제18집 2호, 2008.

김영호 외, 『대북정책의 이해: 상호주의 실현을 위한 성찰과 과제』, 명인문화사, 2010

김용대 외, 『북한의 이해와 통일』, 경상대학교 출판부, 2011.

김창근, 『다문화주의와 만난 한반도 통일론』, 교육과학사, 2013.

김태현 외, 『재중(在中) 북한이탈여성들의 삶』, 하우, 2003.

김호진, 『한국정치체제론』, 박영사, 1992.

김흥수, "참여정부와 이명박정부의 통일교육의 변화와 특징: 각 정부의 대북정책이 중등 도덕교육에 미치는 영향을 중심으로", 「한국민족문화」, 33호, 2009.

박길남, 『빗물이 흘러 강이 되는 다문화』, 북스타, 2014.

박명규, "다문화주의와 남북관계: 이론적 쟁점과 현실", 「국제이해교육연구」, 제4권 2호.
박세일, 『선진 통일전략 – 21세기 한반도의 꿈』, 21세기북스, 2013.
박은숙 외, 『북한이탈주민의 이해』, 나눔의 집, 2009.
박형중 외, 『김정일시대 북한의 정치체제』, 통일연구원, 2004.
배한동 · 성장환 · 김영하 · 이희갑 · 이정희, "북한이주민의 지역사회 적응 실태 분석을 통한 통일교육 자원활용 가능성 연구", 「한국동북아논총」, 제36집, 2005.
백낙청, 『한반도식 통일, 현재진행형』, 창비, 2006.
백낙청, 『흔들리는 분단체제』, 창비, 1998.
백학순, 『북한권력의 역사』, 한울, 2010.
변종헌, "20대 통일의식과 대학 통일교육의 과제", 「통일정책연구」, 제21권 1호, 2012.
북한인권정보센터, 『2012 북한인권백서』, 북한인권정보센터 부설 북한인권기록보존소, 2012.
서보혁 엮음, 『인간안보와 남북한 협력』, 아카넷, 2013.
서울대 통일평화연구원, "2011 통일의식 조사발표 통일의식과 통일준비", 학술심포지엄 자료집.
서울대 행정대학원 통일정책연구팀, 『남과 북, 뭉치면 죽는다』, 랜덤하우스중앙, 2005.
성장환, "다문화적 시각으로 통일정책 방향잡기", 「초등도덕교육」 제45집, 2014.
세종연구소 북한연구센터, 『북한의 당, 국가기구, 군대』, 한울, 2011.
신석호 외, 『통일이 되면 어떻게 달라질까?』, 한림출판사, 2007.
신창민, 『통일은 대박이다』, 매일경제신문사, 2012.
안문석, 『이제 만나러 갑니다』, 인물과사상사, 2013.
안영민, 『행복한 통일이야기』, 자리, 2011.
오경석, 『한국에서의 다문화주의: 현실과 쟁점』, 한울, 2008.
오동민, 『평양에 두고 온 수술가방』, 창비, 2010.
외교부, 『2014 외교백서』, 외교부, 2014.

윤영관 편저, 『북한의 오늘』, 늘품플러스, 2014.
이상우, 『우리가 바라는 통일』, 기파랑, 2007.
이수혁, 『북한은 현실이다』, 21세기북스, 2011.
이수형, "한반도 평화통일 환경조성 전략을 위한 주요 전제조건 검토", JPI(제주평화연구원) 정책포럼 세미나 발표자료, 2014. 9. 19.
이온죽, 『북한사회의 체제와 생활』, 법문사, 1995.
이윤생, 『준비된 통일 대박의 조건』, 포럼, 2014.
이재승, 『북한을 움직이는 테크노크라트』, 일빛, 1998.
이종석, 『분단시대의 통일학』, 한울, 1998.
이종석, 『통일을 보는 눈』, 개마고원, 2012.
이태진 외, 『12시간의 통일 이야기』, 민음사, 2011.
이혜정, "통일 한국의 미래상", 「통일경제」, 제2호, 2012.
임진 엮음, 『베를린 장벽에서 통일의 답을 찾다』, 시월, 2014.
임현진 외, 『21세기 통일한국을 향한 모색: 분단과 통일의 변증법』, 서울대출판부, 2006.
전경수, 『통일사회의 재편과정: 독일과 베트남』, 서울대출판부, 1995.
전영선, 『다시 고쳐 쓴 북한의 사회와 문화』, 역락, 2006.
전재성, "한반도 통일에 관한 이론적 고찰", 「통일과 평화」, 창간호, 2009.
전재영, "다문화시대의 통일교육 패러다임 탐색", 「동포논총」, 제10권, 2011.
정경호, 『선생님, 통일이 뭐예요?』, 살림터, 2013.
정석홍, 『남북한 비교론』, 사람과사람, 1999.
정세현, 『정세현의 통일토크 – 남북관계 현장 30년: 이론과 실제』, 서해문집, 2013.
정용길, 『독일 1990년 10월 3일』, 동국대출판부, 2009.
존 에버라드 저, 이재만 역, 『영국 외교관, 평양에서 보낸 900일』, 책과 함께, 2014.
좋은벗들, 『오늘의 북한, 북한의 내일』, 정토출판, 2006.
주성하, 『김정은의 북한, 어디로 가나』, 기파랑, 2012.

진수진, 『도이칠란드의 통일』, 집문당, 1995.
최진욱, 『현대북한행정론』, 명인출판사, 2007.
추병완 외, 『통일교육』, 하우, 2002.
통일부, 『2013 통일백서』, 통일부, 2013.
통일부 통일교육원, 『2013 통일교육지침서』, 통일부 통일교육원, 2013.
통일부 통일교육원, 『2013 통일문제 이해』, 통일부 통일교육원, 2013.
통일부 통일교육원, 『2013 북한 이해』, 통일부 통일교육원, 2013.
통일부 통일교육원, 『2014 통일문제 이해』, 통일부 통일교육원, 2014.
통일부 통일교육원, 『2014 북한 이해』, 통일부 통일교육원, 2014.
통일부 통일교육원, 『2014 통일교육지침서』, 통일부 통일교육원, 2014.
한완상, 『한반도는 아프다』, 한울, 2013.
행정자치부, 『2014년 지방자치단체 외국인주민현황』, 행정자치부, 2014.
홍민, 박순성 엮음, 『북한의 권력과 일상생활』, 한울, 2013.

부 록

- 1972년 <7.4 남북공동성명>
- 1991년 <남북사이의 화해와 불가침 및 교류 협력에 관한 합의서> (남북기본합의서)
- 2000년 <6.15 남북공동선언>
- 2007 <남북관계 발전과 평화번영을 위한 선언> (10.4 남북 공동선언문)

1972년 〈7.4 남북공동성명〉

최근 평양과 서울에서 남북관계를 개선하며 갈라진 조국을 통일하는 문제를 협의하기 위한 회담이 있었다. 서울의 이후락 중앙정보부장이 1972년 5월 2일부터 5월 5일까지 평양을 방문하여 평양의 김영주 조직지도부장과 회담을 진행하였으며 김영주 부장을 대신한 박성철 제2부수상이 1972년 5월 29일부터 6월 1일까지 서울을 방문하여 이후락 부장과 회담을 진행하였다.

이 회담들은 쌍방은 조국의 평화적 통일을 하루빨리 가져와야 한다는 공통된 염원을 가지고 안고 허심탄회하게 의견을 교환하였으며 서로의 이해를 증진시키는데서 큰 성과를 얻었다.

이 과정에서 쌍방은 오랫동안 만나지 결과로 생긴 남북 사이의 오해와 불신을 풀고 긴장의 고조를 순화시키며 나아가서 조국통일을 촉진시키기 위하여 다음과 같은 문제들에 완전한 합의를 보았다.

1. 쌍방은 다음과 같은 조국통일원칙들에 합의를 보았다.

첫째, 통일은 외세에 의존하거나 외세의 간섭을 받음이 없이 자주적으로 해결해야 한다.

둘째, 통일은 서로 상대방을 반대하는 무력행사에 의거하지 않고 민족으로서 민족적 대단결을 도모하여야 한다.

셋째, 사상과 이념, 제도의 차이를 초월하여 우선 하나의 민족으로서 민족적 대단결을 도모하여야 한다.

2. 쌍방은 남북사이의 긴장상태를 완화하고 신뢰의 분위기를 조성하기 위하여 서로 상대방을 중상비방하지 않으며 크고 작은 것을 막론하고 무장 도발을 하지 않으며 불의의 군사적 충돌사건을 방지하기 위한 적극적인 조치를 취하기로 합의하였다.

3. 쌍방은 끊어졌던 민족적 연계를 회복하며 서로의 이해를 증진시키고 자주적 평화통일을 촉진시키기 위하여 남북 사이의 다방면적인 제반 교류를 실시하기로 합의하였다.

4. 쌍방은 지금 온 민족의 거대한 기대 속에 진행되고 있는 남북적십자회담이 하루빨리 성사되도록 적극 협조하는데 합의하였다.

5. 쌍방은 돌발적 군사사고를 방지하고 남북 사이에 제기되는 문제들을 직접 신속 처리하기 위하여 서울과 평양 사이에 상설 직통전화를 놓기로 합의하였다.

6. 쌍방은 이러한 합의 사항을 추진시킴과 함께 남북 사이의 제반문제를 개선 해결하며 또 합의된 조국통일원칙에 기초하여 나라의 통일문제를 해결할 목적으로 이후락 부장과 김영주 부장을 공동위원장으로 하는 남북조절위원회를 구성하기로 합의하였다.

7. 쌍방은 이상의 합의사항이 조국통일을 일일천추로 갈망하는 온 겨레의 한결같은 염원에 부합된다고 확신하면서 이 합의사항을 성실히 이행할 것을 온 민족 앞에 엄숙히 약속한다.

서로 상부의 뜻을 받들어

1972년 7월 4일

이 후 락　　김 영 주

1991년 〈남북사이의 화해와 불가침 및 교류 협력에 관한 합의서〉 (남북기본합의서)

남과 북은 분단된 조국의 평화적 통일을 염원하는 온 겨레의 뜻에 따라, 7.4남북공동성명에서 천명된 "조국통일 3대 원칙"을 재확인하고, 정치 군사적 대결상태를 해소하여 민족적 화해를 이룩하고, 무력에 의한 침략과 충돌을 막고 긴장 완화와 평화를 보장하며, 다각적인 교류·협력을 실현하여 민족공동의 이익과 번영을 도모하며, 쌍방 사이의 관계가 나라와 나라 사이의 관계가 아닌 통일을 지향하는 과정에서 잠정적으로 형성되는 특수관계라는 것을 인정하고, 평화 통일을 성취하기 위한 공동의 노력을 경주할 것을 다짐하면서, 다음과 같이 합의하였다.

제1장 남북화해

제1조. 남과 북은 서로 상대방의 체제를 인정하고 존중한다.

제2조. 남과 북은 상대방의 내부문제에 간섭하지 아니한다.

제3조. 남과 북은 상대방에 대한 비방·중상을 하지 아니한다.

제4조. 남과 북은 상대방을 파괴·전복하려는 일체 행위를 하지 아니한다.

제5조. 남과 북은 현(現)정전상태를 남북 사이의 공고한 평화상태로 전환시키기 위하여 공동으로 노력하며 이러한 평화상태가 이

룩될 때까지 현(現)군사정전협정을 준수한다.

제6조. 남과 북은 국제무대에서 대결과 경쟁을 중지하고 서로 협력하며 민족의 존엄과 이익을 위하여 공동으로 노력한다.

제7조. 남과 북은 서로의 긴밀한 연락과 협의를 위하여 이 합의서 발효 후 3개월 안에 판문점에 남북연락사무소를 설치·운영한다.

제8조. 남과 북은 이 합의서 발효 후 1개월 안에 본 회담 테두리 안에서 남북정치분과위원회를 구성하여 남북화해에 관한 합의의 이행과 준수를 위한 구체적 대책을 협의한다.

제2장 남북불가침

제9조. 남과 북은 상대방에 대하여 무력을 사용하지 않으며 상대방을 무력으로 침략하지 아니한다.

제10조. 남과 북은 의견대립과 분쟁문제들을 대화와 협상을 통하여 평화적으로 해결한다.

제11조. 남과 북의 불가침 경계선과 구역은 1953년 7월 27일자 군사정전에 관한 협정에 규정된 군사분계선과 지금까지 쌍방이 관할하여 온 구역으로 한다.

제12조. 남과 북은 불가침의 이행과 보장을 위하여 이 합의서 발효 후 3개월 안에 남북군사 공동위원회를 구성·운영한다. 남북군

사공동위원회에서는 대규모 부대이동과 군사연습의 통보 및 통제문제, 비무장지대의 평화적 이용문제, 군(軍)인사교류 및 정보교환 문제, 대량살상무기와 공격능력의 제거를 비롯한 단계적 군축 실현문제, 검증문제 등 군사적 신뢰조성과 군축을 실현하기 위한 문제를 협의·추진한다.

제13조. 남과 북은 우발적인 무력충돌과 그 확대를 방지하기 위하여 쌍방 군사당국자 사이에 직통 전화를 설치·운영한다.

제14조. 남과 북은 이 합의서 발효 후 1개월 안에 본(本)회담 테두리 안에서 남북군사분과위원회를 구성하여 불가침에 관한 합의의 이행과 준수 및 군사적 대결상태를 해소하기 위한 구체적 대책을 협의한다.

제3장 남북교류·협력

제15조. 남과 북은 민족경제의 통일적이며 균형적인 발전과 민족전체의 복리향상을 도모하기 위하여 자원의 공동개발, 민족 내부교류로서의 물자교류, 합작투자 등 경제교류와 협력을 실시한다.

제16조. 남과 북은 과학·기술, 교육, 문화·예술, 보건, 체육, 환경과 신문, 라디오, 텔레비전 및 출판물을 비롯한 출판·보도 등 여러 분야에서 교류와 협력을 실시한다.

제17조. 남과 북은 민족구성원들의 자유로운 왕래와 접촉을 실현한다.

제18조. 남과 북은 흩어진 가족·친척들의 자유로운 서신거래와 왕래와 상봉 및 방문을 실시하고 자유의사에 의한 재결합을 실현하며, 기타 인도적으로 해결할 문제에 대한 대책을 강구한다.

제19조. 남과 북은 끊어진 철도와 도로를 연결하고 해로, 항로를 개설한다.

제20조. 남과 북은 우편과 전기통신교류에 필요한 시설을 설치·연결하며, 우편·전기통신 교류의 비밀을 보장한다.

제21조. 남과 북은 국제무대에서 경제와 문화 등 여러 분야에서 서로 협력하며 대외에 공동으로 진출한다.

제22조. 남과 북은 경제와 문화 등 각 분야의 교류와 협력을 실현하기 위한 합의의 이행을 위하여 이 합의서 발효 후 3개월 안에 남북경제교류·협력공동위원회를 비롯한 부문별 공동위원회들을 구성·운영한다.

제23조. 남과 북은 이 합의서 발효 후 1개월 안에 본(本)회담 테두리 안에서 남북교류·협력분과 위원회를 구성하여 남북교류·협력에 관한 합의의 이행과 준수를 위한 구체적 대책을 협의한다.

제4장 수정 및 발효

제24조. 이 합의서는 쌍방의 합의에 의하여 수정·보충할 수 있다.

제25조. 이 합의서는 남과 북이 각기 발효에 필요한 절차를 거쳐 그 문본(文本)을 서로 교환한 날부터 효력을 발생한다.

1991년 12월 13일

남 북 고 위 급 회 담	북 남 고 위 급 회 담
남측 대표단 수석 대표	북 측 대 표 단 단 장
대 한 민 국	조선민주주의 인민공화국
국무총리 정 원 식	정무원총리 연 형 묵

2000년 〈6.15 남북공동선언〉

조국의 평화적 통일을 염원하는 온 겨레의 숭고한 뜻에 따라 대한민국 김대중 대통령과 조선민주주의 인민공화국 김정일 국방위원장은 2000년 6월 13일부터 6월 15일까지 평양에서 역사적인 상봉을 하였으며 정상회담을 가졌다.

남북정상들은 분단 역사상 처음으로 열린 이번 상봉과 회담이 서로 이해를 증진시키고 남북관계를 발전시키며 평화통일을 실현하는 데 중대한 의의를 갖는다고 평가하고 다음과 같이 선언한다.

1. 남과 북은 나라의 통일문제를 그 주인인 우리 민족끼리 서로 힘을 합쳐 자주적으로 해결해 나가기로 하였다.
2. 남과 북은 나라의 통일을 위한 남측의 연합제 안과 북측의 낮은 단계의 연방제 안이 서로 공통성이 있다고 인정하고 앞으로 이 방향에서 통일을 지향시켜 나가기로 하였다.
3. 남과 북은 올해 8・15에 즈음하여 흩어진 가족 친척방문단을 교환하며 비전향 장기수 문제를 해결하는 등 인도적 문제를 조속히 풀어나가기로 하였다.
4. 남과 북은 경제협력을 통하여 민족 경제를 균형적으로 발전시키고, 사회 문화 체육 보건 환경 등 제반분야의 협력과 교류를 활성화하여 서로의 신뢰를 다져나가기로 하였다.
5. 남과 북은 이상과 같은 합의 사항을 조속히 실천에 옮기기 위하여 빠른 시일 안에 당국간의 대화를 개최하기로 하였다.

김대중 대통령은 김정일 국방위원장이 서울을 방문하도록 정중히 초청하였으며 김정일 국방위원장은 적절한 시기에 서울을 방문하기로 하였다.

2000년 6월 15일

대 한 민 국	조선민주주의인민공화국
대　통　령	국방위원장
김　대　중	김　정　일

2007 〈남북관계 발전과 평화번영을 위한 선언〉 (10.4 남북 공동선언문)

대한민국 노무현 대통령과 조선민주주의인민공화국 김정일 국방위원장 사이의 합의에 따라 노무현 대통령이 2007년 10월 2일부터 4일까지 평양을 방문했다.

방문기간중 역사적인 상봉과 회담들이 있었다.

상봉과 회담에서는 6.15 공동선언의 정신을 재확인하고 남북관계발전과 한반도 평화, 민족공동의 번영과 통일을 실현하는데 따른 제반 문제들을 허심탄회하게 협의했다.

쌍방은 우리민족끼리 뜻과 힘을 합치면 민족번영의 시대, 자주통일의 새시대를 열어 나갈 수 있다는 확신을 표명하면서 6.15 공동선언에 기초하여 남북관계를 확대. 발전시켜 나가기 위하여 다음과 같이 선언한다.

1. 남과 북은 6.15 공동선언을 고수하고 적극 구현해 나간다.
   남과 북은 우리민족끼리 정신에 따라 통일문제를 자주적으로 해결해 나가며 민족의 존엄과 이익을 중시하고 모든 것을 이에 지향시켜 나가기로 했다.
   남과 북은 6.15 공동선언을 변함 없이 이행해 나가려는 의지를 반영하여 6월 15일을 기념하는 방안을 강구하기로 했다.

2. 남과 북은 사상과 제도의 차이를 초월하여 남북관계를 상호

존중과 신뢰 관계로 확고히 전환시켜 나가기로 했다.

남과 북은 내부문제에 간섭하지 않으며 남북관계 문제들을 화해와 협력, 통일에 부합되게 해결해 나가기로 했다.

남과 북은 남북관계를 통일 지향적으로 발전시켜 나가기 위하여 각기 법률적·제도적 장치들을 정비해 나가기로 했다.

남과 북은 남북관계 확대와 발전을 위한 문제들을 민족의 염원에 맞게 해결하기 위해 양측 의회 등 각 분야의 대화와 접촉을 적극 추진해 나가기로 했다.

3. 남과 북은 군사적 적대관계를 종식시키고 한반도에서 긴장 완화와 평화를 보장하기 위해 긴밀히 협력하기로 했다.

남과 북은 서로 적대시하지 않고 군사적 긴장을 완화하며 분쟁문제들을 대화와 협상을 통하여 해결하기로 했다.

남과 북은 한반도에서 어떤 전쟁도 반대하며 불가침의무를 확고히 준수하기로 했다.

남과 북은 서해에서의 우발적 충돌방지를 위해 공동어로수역을 지정하고 이 수역을 평화수역으로 만들기 위한 방안과 각종 협력사업에 대한 군사적 보장조치 문제 등 군사적 신뢰구축조치를 협의하기 위하여 남측 국방부 장관과 북측 인민무력부 부장간 회담을 금년 11월중에 평양에서 개최하기로 했다.

4. 남과 북은 현 정전체제를 종식시키고 항구적인 평화체제를 구축해 나가야 한다는데 인식을 같이하고 직접 관련된 3자

또는 4자 정상들이 한반도지역에서 만나 종전을 선언하는 문제를 추진하기 위해 협력해 나가기로 했다.

남과 북은 한반도 핵문제 해결을 위해 6자회담 '9.19 공동성명'과 '2.13 합의'가 순조롭게 이행되도록 공동으로 노력하기로 했다.

5. 남과 북은 민족경제의 균형적 발전과 공동의 번영을 위해 경제협력사업을 공리공영과 유무상통의 원칙에서 적극 활성화하고 지속적으로 확대 발전시켜 나가기로 했다.

남과 북은 경제협력을 위한 투자를 장려하고 기반시설 확충과 자원개발을 적극 추진하며 민족내부협력사업의 특수성에 맞게 각종 우대조건과 특혜를 우선적으로 부여하기로 했다.

남과 북은 해주지역과 주변해역을 포괄하는 '서해평화협력특별지대'를 설치하고 공동어로구역과 평화수역 설정, 경제특구건설과 해주항 활용, 민간선박의 해주직항로 통과, 한강하구 공동이용 등을 적극 추진해 나가기로 했다.

남과 북은 개성공업지구 1단계 건설을 빠른 시일 안에 완공하고 2단계 개발에 착수하며 문산-봉동간 철도화물수송을 시작하고, 통행·통신·통관 문제를 비롯한 제반 제도적 보장조치들을 조속히 완비해 나가기로 했다.

남과 북은 개성-신의주 철도와 개성-평양 고속도로를 공동으로 이용하기 위해 개보수 문제를 협의·추진해 가기로 했다.

남과 북은 안변과 남포에 조선협력단지를 건설하며 농업,

보건의료, 환경보호 등 여러 분야에서의 협력사업을 진행해 나가기로 했다.

남과 북은 남북 경제협력사업의 원활한 추진을 위해 현재의 '남북경제협력추진위원회'를 부총리급 '남북경제협력공동위원회'로 격상하기로 했다.

6. 남과 북은 민족의 유구한 역사와 우수한 문화를 빛내기 위해 역사, 언어, 교육, 과학기술, 문화예술, 체육 등 사회문화 분야의 교류와 협력을 발전시켜 나가기로 했다.

남과 북은 백두산관광을 실시하며 이를 위해 백두산-서울 직항로를 개설하기로 했다.

남과 북은 2008년 북경 올림픽경기대회에 남북응원단이 경의선 열차를 처음으로 이용하여 참가하기로 했다.

7. 남과 북은 인도주의 협력사업을 적극 추진해 나가기로 했다.

남과 북은 흩어진 가족과 친척들의 상봉을 확대하며 영상 편지 교환사업을 추진하기로 했다.

이를 위해 금강산면회소가 완공되는데 따라 쌍방 대표를 상주시키고 흩어진 가족과 친척의 상봉을 상시적으로 진행하기로 했다.

남과 북은 자연재해를 비롯하여 재난이 발생하는 경우 동포애와 인도주의, 상부상조의 원칙에 따라 적극 협력해 나가기로 했다.

8. 남과 북은 국제무대에서 민족의 이익과 해외 동포들의 권리와 이익을 위한 협력을 강화해 나가기로 했다.

※ 남과 북은 이 선언의 이행을 위하여 남북총리회담을 개최하기로 하고, 제1차 회의를 금년 11월중 서울에서 갖기로 했다.

※ 남과 북은 남북관계 발전을 위해 정상들이 수시로 만나 현안 문제들을 협의하기로 했다.

2007년 10월 4일 평 양

대 한 민 국	조선민주주의인민공화국
대 통 령	국방위원장
김 대 중	김 정 일

찾아보기

| ㄷ |

| ㄹ |

| ㅁ |

| ㅂ |

| ㅊ |

| ㅋ |

| ㅌ |

| ㅍ |

| ㅎ |

| 기타 |

저자 소개

성장환(成章煥)

대구교육대학교 윤리교육과 교수(현)

경북대학교 정치외교학과 졸업
미국 뉴올리언스대학교 대학원 졸업(정치학석사)
경북대 대학원 졸업(정치학박사)
경북대 강사

저역서

『라틴 아메리카』(학문사, 1994, 역서)
『북한과 통일의 이해』(청림, 2002, 공저)
『현대사회와 윤리』(형설출판사, 2004, 공저)
『우리시대와 윤리』(교육과학사, 2012, 공저)
『정치학의 이해』(법문사, 2013, 공저) 등

통일과 북한으로의 산책

2014년 12월 25일 1판 1쇄 인쇄
2014년 12월 30일 1판 1쇄 발행

저 자 : 성 장 환
발행자 : 김 동 규
발행처 : 교육과학사

경기도 파주시 문발동 광인사길 71
전화(031)955-6956~8/팩스(031)955-6037
Home-page : www.kyoyookbook.co.kr
E-mail : kyoyook@chol.com
등록 : 1970년 5월 18일 제2-73호

낙장·파본은 교환해 드립니다.
Printed in Korea.

정가 10,000원
ISBN 978-89-254-0906-1